共生への学び

先生を応援する教育の最新事情

改訂版

星槎大学教員免許状更新講習センター 編著

ダイヤモンド社

本書の構成・使い方

　本書は「教員免許状更新講習」のテキストとして編まれました。2006年の中央教育審議会答申「今後の教員養成・免許制度の在り方について」を受けて、2007年に教育職員免許法が改正されました。それに基づき、2009年から教員免許状更新制度が実施されています。本書は「教員免許状更新講習」全30時間のうち、必修6時間のすべてと、選択必修6時間の大半の内容をカバーしています。

　しかし、本書に含まれている内容は、それだけではありません。星槎大学は日本で唯一「共生科学部」を有する大学です。「人と人、そして人と自然が共生する社会の創造に貢献すること」を建学の精神に掲げています。そこで、文部科学省が指定する「教育の最新事情に関する事項」以外に、現役の教員はもちろん、教員を目指す学生・社会人にとって必要な「共生」教育に関する知識や考え方についても盛り込みました。

　わたしたちは、「共生」を、21世紀の社会、教育、学習にとって、欠くことのできない概念であり、営みであると考えています。必修・選択必修の内容とともに、学び、実践していただければ本学の教職員にとって、これほど嬉しいことはありません。

本書の構成と法令上の必要事項との対照表

本書の構成			法令上の必要事項		
章	節	領域	記号	事項	含めるべき内容・留意事項
2	1	〈必修領域〉すべての受講者が受講する領域	イ	国の教育政策や世界の教育の動向	a 国の教育政策
					b 世界の教育の動向
	2		ロ	教員としての子ども観、教育観等についての省察	c 子ども観、教育観等についての省察
	3				d 教育的愛情、倫理観、遵法精神その他教員に対する社会的要請の強い事柄
	4		ハ	子どもの発達に関する脳科学、心理学等における最新の知見（特別支援教育に関するものを含む。）	e 子どもの発達に関する、脳科学、心理学等の最新知見に基づく内容
	5				f 特別支援教育に関する新たな課題（LD、ADHD 等）
			ニ	子どもの生活の変化を踏まえた課題	g 居場所づくりを意識した集団形成
	6				h 多様化に応じた学級づくりと学級担任の役割
					i 生活習慣の変化を踏まえた生徒指導
	7				j 社会的・経済的環境の変化に応じたキャリア教育
	8				k その他の課題
	9				l カウンセリングマインドの必要性
3	1	〈選択必修領域〉受講者が所有する免許状の種類、勤務する学校の種類又は教育職員としての経験に応じ、選択して受講する領域	イ	学校を巡る近年の状況の変化	
	2		ロ	学習指導要領の改訂の動向等	
	3		ハ	法令改正及び国の審議会の状況等	
	4 5		ニ	様々な問題に対する組織的対応の必要性	
	6		ホ	学校における危機管理上の課題	
			ヘ	教育相談（いじめ及び不登校への対応を含む。）	
			ト	進路指導及びキャリア教育	
	7		チ	学校、家庭並びに地域の連携及び協働	
			リ	道徳教育	
			ヌ	英語教育	
	8		ル	国際理解及び異文化理解教育	
			ヲ	教育の情報化（情報通信技術を利用した指導及び情報教育（情報モラルを含む。）等）	

※ g～kは、いずれか1つを受講すればよい。
※ イ～ホは、2つまで選択可能。

共生への思い
——はじめに

川野辺 敏

星槎大学特任教授。国立教育政策研究所名誉所員。日本教材学会会長。専門は生涯学習、比較教育学。

共生への思い

　教員として日夜奮闘されている皆さんおよびこれから教育の仕事を求めて学習に励んでいる皆さんと共に、まずは、教育の現状を踏まえ、また私たち星槎大学が求める「共生」社会に生きる人間を育てていく「教員」の在り方や、心構えをご一緒に考えておきたいと思います。

　教育という仕事はわが国の将来を決定する最も重要な職業であるということは、誰にも異存のないところだと思います。安定した職業だから、子どもが好きだから、などという軽い気持ちで教員を選び、教職に就いたのでは、社会全体に対しても子ども個々人にとっても迷惑極まりないことです。教育の目標・方向性・手段を誤れば、わが国が第2次世界大戦に突入し、大きな犠牲を払い、悲惨な状況をつくり出したような結果をもたらす危険がないとはいえません。私たちは「戦争は人の心の中に

生まれるものであるから、人の心の中に平和のとりでを築かなければならない」（ユネスコ憲章・1946）という精神を受け継ぎ、日本国憲法・教育基本法の前文にあるように「恒久の平和を念願すること」また「民主的で文化的な国家を建設し、世界の平和と人類の福祉に貢献すること」（新教育基本法も殆ど同じ内容）を決意し、戦後の教育に取り組んだはずです。

　これを実現することがいかに困難かを身に染みて感じているのが現在の状況でしょう。戦後70年ほどの年月が経過していますが、人の心の中に平和のとりでは築かれているでしょうか。国家間、民族・宗教間の対立はいまもって激しさを増しています。国内だけを見ても非人間的な行為が毎日の新聞紙面をにぎわせています。小さなもめ事・争い事は家庭内・地域内でもやむことを知りません。それでよいとは誰も思わないでしょうが、そんな状況が続く中で、私たち星槎大学は創立（2004年）に当たって「共生科学部」を設置しました。平和で心豊かな社会を築きたい、人と人、人と自然、国と国とが協力・共生できる世の中を築きたい、という目的からです。発足当時、人間には生存本能・生存競争があり、「共生」など不可能だといっている人が多数おりましたし、現在もその状況・雰囲気は変わっていないでしょう。日本だけでなく、諸外国でも「共生」に当たる直接的な用語はありません。国際協力・友好・親善とか支え合いなどで、「仲良く生きる」という表現があるだけです。しかし、だからこそ、「共生」を目標に掲げ、それに接近し、実現しようとする人々を育てることが必要なのです。最近では新聞紙上などにも「共生」という言葉が用いられるようになりました。その小さな流れが、やがて大きなうねりになり、小さな地球上で、当たり前の思想・行動にならないはずはありません。

共生への思い――はじめに

教育観の転換

　そんな状況の中で、教育の動きを考えてみましょう。教育は国家・社会の発展にとって重要な役割を果たし、19〜20世紀には各国とも学校教育を発展させ、生活・職業に必要な知識・技能を子どもたちに与えてきました。わが国でも1972（明治5）年の「学制」以降、小学校・中学校・大学が発達し、国の立場からは「富国強兵」、国民の立場からは「立身出世」の手段として機能してきました。その結果、一般庶民でも高い地位や大企業等で要職に就くことが可能となりましたが、結果として軍国主義の政策に埋没し、悲惨な終末を迎えたのは周知の通りです。戦後の教育が平和・民主・平等の理念の下、経済発展と相まって、急速な量的発展を見せたのは幸運といえましょう。しかし、学歴志向・競争原理・経済格差その他の要因が重なり、校内暴力・いじめ・不登校・自殺など「負」の部分を背負いながら、いまもって問題を抱えて今日に至っています。

　そのような背景の中で、教育への新しい取り組みが見られます。1960年代以降、「生涯学習」の思想が、国際社会を含め、教育の基軸に置かれるようになりました。大きな流れは省略しますが、1996年の「ユネスコ21世紀教育国際委員会」の報告書「学習：秘められた宝」で「生涯学習は21世紀の扉を開く鍵」であると宣言され、「知ることを学ぶ・為すことを学ぶ・ともに生きることを学ぶ・人間であることを学ぶ」を学習の4つの基本として提示しています。わが国でもこの思想を重く受け止め、1971年の中央教育審議会答申以降この問題に取り組み、臨時教育審議会答申（1984〜87）では21世紀教育の柱として「個性重視の原則・生涯学習体系への移行・社会の変化（国際社会・情報社会）への対応」を強力に打ち出したのです。この答申により、1989年および2002年の学習指導要領が大きく変わり、学校教育の目標を「生きる力」に置き、

子ども自ら学び、子ども自ら心豊かに生きる力の基礎を育てることが中心課題となりました。その実現のため、学校週5日制・主要教科の内容厳選・総合的な学習の時間の新設などが導入されたことは、皆さんご存じの通りです。その後、OECD（経済協力開発機構）の国際学習到達度調査（略称、ピサ調査）の結果などを受けて、2011年度以降新しい学習指導要領へと改訂されています。留意しておかなければならないのは「確かな学力」が強調され、授業時間や学習範囲などの改訂は行われていますが、目標が「生きる力」であることは変わらないということです。特に、生涯学習の基礎として不可欠な「思考力・判断力・表現力」の育成、あるいは「学習意欲や学習習慣」の定着などが、今後必要とされる資質として強く求められているということです。これらの背景の中で、新しい「教育基本法」（2006）が制定されましたが、ここでも、第3条に「生涯学習の理念」を置き、「大学・私立学校＝第7・8条、家庭教育・幼児期の教育＝第10・11条、学校、家庭及び地域住民等の相互の連携協力＝第13条」を加え、子どもの教育を縦断的・横断的に総合して進めようとする姿勢が読み取れるのです。これら教育の根幹が「生きる力」（豊かな心や健やかな体を含む）であり、今日求められている子どもに身に付けさせてほしい資質であるといえます。

教員の皆さんへの要求

　このような多様な要求を突き付けられているのが教員の皆さんです。単に、各教科に関する知識技能を与えるだけではなく、生涯学習の基礎として必要な知識・技能・態度を含めた「生きかたの基本」を総合的に与えてほしい、というのが教員への要求です。これを実現するためには、教室内の授業を超え、学校内のみの取り組みを超え、父母・地域住民や地域教材を活用して実践してほしい、という願いが込められています。

共生への思い――はじめに　　7

一昔前の、社会変動の乏しかった時代であれば、各教科の知識・技能を丁寧に教授すれば、立派な教員であったはずです。また、子どもたちにとっても学校で教えられた知識・技能を活用すれば家庭生活・社会生活・職業生活を通じ問題なく生きられたのです。しかし変化の激しい今日では、特に、充実した生活を望む人々にとっては、自ら課題を発見・判断・挑戦することが求められているのです。少子高齢化、環境・福祉、家庭生活全般・情報化・国際化問題への対応など、成人してからの学習課題も山積しているといえるでしょう。

　この難題を抱えて、教員の資質をどう捉えたらよいか考えてみましょう。少し古くなりますが2005年の中教審答申「新しい時代の義務教育を創造する」の中で、優れた教員の3つの条件をまとめています。（1）教職に対する強い情熱（仕事に対する使命感や誇り、子どもに対する愛情や責任感、常に学び続ける向上心など）、（2）専門家としての確かな力量（子ども理解力、児童生徒指導力、集団指導の力、学級づくりの力、学習指導・授業のつくり方、教材解釈の力など）、（3）総合的な人間力（人間形成に関わる一人の人間として豊かな人間性や社会性、常識と教養、礼儀作法をはじめ対人関係能力、コミュニケーション能力など）。

　これを総じていえば、職業への情熱・高度な専門性・豊かな人間性とでもいえるでしょう。確かに、教員への期待はこの提示に要約されているといえます。しかし、情熱を持ち続けること1つとっても、時々刻々と変化する「自己」に問い続けなければなりませんし、科学技術の向上・変化を前に専門性も常に十分といい切れる教員もまれでしょう。しかし、この3点は常に頭に入れて子どもに接してほしいと思いますし、特に「専門家としての確かな力量」は、教員である以上、常にその向上に努力するのは当然です。

人間としての教員

　そのような中で、さらに注意しなければならないのは「教員は先ず持って人間である」という当然の事実です。教員である前に、あなたは人間らしく生きているかが問われるのです。そこで、人間らしく生きるとはどういうことなのか考えてみたいと思います。これは難しい課題です。個人的にも、社会的にも存在する人間としてどう生きるかは、常に自己に問いかけていかなければならない課題であり、その答えは人によって異なるかもしれません。そこで、個人的ではありますが、私自身は次のように考えています。

　人間は絶対的に「個の存在」です。誕生も死も誰も予想できない「生かされた存在」であり、これから誰も逃れることはできません。その過程で生きているのです。生かされて生きている以上、その場・時間に心安らかに、できれば楽しく創造的に生きたいものです。最近では『置かれた場所で咲きなさい』（渡辺和子、幻冬舎、2012）などが参考になるでしょう。その原点は「創造の喜び」あるいは、心理学者マズローのいう「自己実現」の喜びといったことにあると思います。専門分野で、あるいは興味・関心を持った分野で、少しでも進歩・成就した自覚を持つことによって、生きる力を与えられものです。

　次に、人間は好むと好まざるとに関わらず「社会的存在」であるということです。人間はこの世に生存して以後、父母・家庭・学校・社会での生活を経なければ生存できません。その際、最も重要なことは他の人々との交流・協調ということでしょう。その際の生きがい、喜びは「他に役立つ」ということではないでしょうか。どのような状況に置かれていても、無視され、自尊心を傷つけられては生きていけません。生きている以上役立ちたいとの思い（本能）を潜在的に持っています。少し古くなりますが『人間をみつめて』（神谷美恵子、朝日新聞社、1971）の

共生への思い──はじめに　9

ハンセン病のレンちゃんの話や、『愛、深き淵より。』（星野富弘、立風書房、1981）の絶望の中で母の肩をたたきたいという思いなどは、どんな苦しい状況にあっても、他に役立ちたいという思いが人間の根源にあることの例証でしょう。

　そして、最後は自然的存在としての「感動」の喜びを挙げたいと思います。人は自然の中で、たまたま出会った人々の行為や言動によって、また、文学・音楽など芸術との出合いの中で、生きる勇気や感動を与えられるものです。

　このような、生活・行動・感性を通じて、生きていく力と勇気を与えられたならば、それを自己の生活の場で実践し、また、子どもに対する教育の場で活用していただきたいのです。子ども一人一人に「分かった、できた」という喜びを、また、グループ学習や体験学習の場で他の役に立つ喜びを感じ取らせてほしいのです。さらに、自然の素晴らしさ、文学・芸術の力や経験豊かな成人の話を聞かせてほしいのです。そのように育てられ、生きている、また、生きようとしている子どもたちが、いじめ、不登校、暴力、自殺などに走ることは、ほとんどなくなるはずです。そのような個々人を育てることが、本学の目指す「共生」教育の原点ともいえるでしょう。

期待する子ども像

　最後になりますが、私の先輩で大阪の中学校演劇に生涯を懸けて、先年（2012）亡くなった、佐藤良和さんの演劇に臨む子どもたちに残した「期待する子ども像」を掲げておきます。

「全てのことは必然によってなされている大宇宙に包まれ、その恩恵を無限に感じる繊細の神経を持ち、大自然の輪廻を受容し、命ある小動物に心を砕き、一木一草に対しても繊細な感情を持つ。加えていえば、も

のが美しく見え、心から唄いたくなり、人に対して優しくなり、花の香りを感じ、風の歌が聴こえ、青春を感じて涙ぐみ、時には太陽の顔を見て拝みたくなり、水の輝きに心揺さぶられ、絵画や彫刻を観ては泪を流し、音楽に浸って夢を描き、季節季節の変化に感動して文をものしたいと思い、大自然に抱擁されている幸福を味わい、老いても生きる喜びを感じるのだ」

　教員および教員を目指す皆さんにお願いしたいのは、個々の人間が「人間らしく」どう生きているかということに強い関心を持っていただきたいということです。「共生」は「自己と他」との関係ですが、個々人がそれぞれの場・時間において「人間として望ましい姿」で生きていなければ成立しません。個の生き方、人間としてのあり方を求めて努力することで、平和・共生の社会に接近することができるのではないでしょうか。挑戦する以外に方法がありません。一人一人が学びに生きがいを感じて人間らしく生きること、他人を理解し、協力すること。その一人一人の成果の集合が、これまで実現できなかった「共生社会」なのです。それは容易なことではありませんが、それを目指す皆さんであって欲しいと強く願っています。

共生への思い――はじめに

もくじ

本書の構成・使い方 2

本書の構成と
法令上の必要事項との対照表 3

共生への思い──はじめに
川野辺 敏 4

第1章
共生と教育1

21世紀に求められる「共生」の概念と「生きる力」
鬼頭秀一 20

プロフェッショナルとしての教師について
細田満和子 32

必要とされる教員
平出彦仁 40

ヒトへの道のり、そして「人」へ
森川和子 47

第2章

必修領域

国の教育政策や世界の教育の動向

第1節 世界の教育潮流
〜各国のアクティブラーニングから〜
天野一哉 ………………………………………………………… 58

教員としての子ども観、教育観等についての省察

第2節 子ども観、教育観等についての省察
新井郁男 ………………………………………………………… 70

第3節 教育的愛情、倫理観、遵法精神その他教員に対する
社会的要請の強い事柄
水内宏 …………………………………………………………… 77

子どもの発達に関する脳科学、心理学等における最新の知見（特別支援教育に関するものを含む。）

第4節 子どもの発達に関する、脳科学、心理学等の
最新知見に基づく内容
伊藤一美 ………………………………………………………… 85

第5節 特別支援教育に関する新たな課題（ＬＤ、ＡＤＨＤ等）
西永堅 …………………………………………………………… 95

子どもの生活の変化を踏まえた課題

第6節 多様化に応じた学級づくりと学級担任の役割
白鳥絢也 ……………………………………………………………………… 105

第7節 社会的・経済的環境の変化に応じたキャリア教育
三田地真実 …………………………………………………………………… 115

第8節 発達障害の児童生徒への支援
岩澤一美 ……………………………………………………………………… 129

第9節 カウンセリング・マインドの必要性
阿部利彦 ……………………………………………………………………… 135

第3章

選択必修領域

第1節 客観的・具体的材料（各種報道・世論調査・統計等）の
適切な利用
天野一哉 ……………………………………………………………………… 148

第2節 総則の趣旨の理解
白鳥絢也 ……………………………………………………………………… 156

第3節 法令改正、国の審議会の状況等
白鳥絢也 ……………………………………………………………………… 164

第4節 学校組織の一員としての
マネジメント・マインドの形成
伊東健 ………………………………………………………………………… 171

第 **5** 節　対人関係、日常的コミュニケーションの重要性
天野一哉 179

第 **6** 節　学校内外の安全確保
福島紘 190

第 **7** 節　保護者・地域社会との連携
三田地真実 201

第 **8** 節　「他者」を理解するということ
文化人類学の視点から
渋谷節子 211

第 **4** 章

共生と教育2

「現代の教育」と「文化の継承」
加藤登紀子 220

ミラーニューロン　ぼくの平和論
小中陽太郎 228

私の共生社会構築の実践
──旭山動物園と共に伝える命の授業
坪内俊憲 236

活私開公、グローカル、ＷＡ
──共生社会実現のための公共哲学
山脇直司 244

あとがき　265

これまでに開講した主な「選択」講習　267

著者紹介　269

デザイン──タイプフェイス
編集協力──片山幸子（エディ・ワン）

第1章

共生と教育1

21世紀に求められる「共生」の概念と「生きる力」

鬼頭秀一

星槎大学共生科学部教授。東京大学名誉教授。
専門は、環境倫理学・科学技術社会論。

1 ┊ はじめに

　2011年3月11日に発災した東日本大震災は、人間と自然との関係を改めて問い直すきっかけとなり、人間と自然の「共生」とは何かを問うものになりました。広い意味での「共生」の概念の大幅な変更を迫ったとも言えます。いままでは、人間によって守られるべきものとしての自然や、恵み豊かで壊れやすい自然を前提として「自然との共生」が語られてきました。しかし、ときとして荒ぶる自然は、人間の生命や財産を奪い去ってしまうような強大な力を持ちます。そのような自然とどのような関係を結ぶのかは、「自然との共生」の問題として十分に主題化されてきませんでした。だからこそ、教育の領域の中でも、環境教育と防災教育は別の枠組みの中で捉えられ、推進されてきたのです。

　しかし、「自然との共生」を考えたときに、自然災害への対応の問題

20　　第1章　共生と教育1

は重要な課題です。私たちは、科学技術の進歩により、自然災害を克服し、自然の脅威を押し込めるような形でいままで対応してきました。そこでは、「克服」し「押し込める」ような形の、自然との対立的な関係の中にありました。「自然との共生」をうたっていても、ひとたび人間に脅威を与えるような自然に対しては、「共生」ではなく、敵対的な形で対応してきたのです。

　ところが東日本大震災で私たちは、荒ぶる自然をいくら押し込めようとしても限界があることを思い知らされました。ですが同時に、多くの地域の人々が自然の災害になすすべもなく呆然としていた一方で、いち早く高台に避難して、お互いに協力しながら翌日から温かいご飯と味噌汁を食べているような地域も少ないながらも一定程度見られました。多くの地域で、個人やコミュニティが機敏に対応するような力を十分に持ちえない状況の中で、したたかに生き抜けるだけの力を個人やコミュニティが持っている例もあったのです。そこには、自然のことを敏感に捉え、なんとか宥めながら生きるすべがありました。

　文部科学省の学習指導要領では「生きる力」が重要なキーワードとされていますが、これはまさに、災害時の対応も含めて、自然の中で人間の「生きる力」が重要だということであり、そのような人間の能動的な力も含めて、「自然との共生」があるのです。人と自然との「共生」は静態的な関係としてあるものではなく、荒ぶる自然の存在も前提にしながら、災害時の対応も考慮したうえで成り立つ、動態的（ダイナミック）な、緊張関係がある関係性なのです。そして、「生きる力」とは、そのような動態的で緊張関係がある関係性の中で「生きる」「力」なのではないでしょうか。そのことを、この節では考えてみたいと思います。

21世紀に求められる「共生」の概念と「生きる力」　　21

2 人と自然との「共生」、自然を前にした人と人との「共生」、環境正義

「自然との共生」を考えたとき、一般的には、人と自然との関係性の中での「共生」を思い浮かべるでしょう。確かに、人間以外の生物との「共生」の関係性は重要です。しかし、環境問題に関わるさまざまな問題は、自然を前にした人と人との関係性の中で出現しています。例えば、生物多様性条約の重要な課題として遺伝子組み換え生物のバイオセーフティ（生物学的安全性）の問題や、生物に関する特許の問題や権利の配分の問題がありますが、これは、国と国の問題であったり、先住民族の権利などの民族問題であったりします。

このことが大変重要だと考えられるようになったのは、1992年のリオ・デ・ジャネイロで開催された地球サミット（以下、「リオ」）からです。そこでは、それまで先進国の中で主導的に捉えられてきた、人間を一枚岩として、人と自然を対立的に見る見方では、先進国と途上国の間の環境問題でもある南北問題や、先住民族の文化や権利をどう守るのか、その関係をどのように捉えるのかといった問題に対しては無力であるということから議論が始まりました。環境問題を社会的、政治的な問題として捉える大きなきっかけになったのは、「リオ」の前年に提起された「環境正義の原理（principle of environmental justice）」でした。これは、アメリカで、熱心に環境問題に取り組む非白人系の人たちが中心となって策定したものです。

そもそも、「環境正義」は、アメリカの環境リスクの不公正な分配の在り方に関して提起され始めました。1986年にノースカロライナ州において、ヒスパニック系やアフリカ系の人たちが多く居住する区域にＰＣＢ（ポリ塩化ビフェニル）廃棄事件が起こったことを契機に環境のリス

クにおいて人種差別主義に関わる不公正さが存在することが明らかになりました。以来、環境に関わる公正さ、正義の在り方が議論されるようになり、「環境正義」という考え方が提起されてきたのです。そして、この問題は環境リスクのみならず、環境資源の利用に関わることも含めて普遍的に考えられ、「環境正義の原理」が提起されることとなったのでした。

　かくして、環境に関わる問題に関しては、人間と自然との関係性の問題に加えて、自然を前にしたときの人間同士の社会関係における問題についても同時に考えなければならないことが課題となっていったのです。人間と自然との関係性ということでは、人間中心主義の反省の上に立ち、それを逆転した人間非中心主義が主題化されるのに対して、自然を前にしたときの人間の社会関係においては社会的公正、つまり、「環境正義」が問題となります。環境に関わる「共生」については、人間と自然との「共生」ということに加えて、環境に関わる社会的、政治的な関係性の中での、人間同士の「共生」も考えていく必要が出てきたのです。

　そのような中で、生態学における生態系の捉え方が大きく変わってきたことも背景にあり、想定される自然のイメージも変化してきました。1980年代までは、有機体論的な自然が前提とされており、人間の手によって壊れやすい自然像が想定されていました。それに対して、生態系は、変動と不均一のシステムとしての自然として捉えられるようになりました。外界のさまざまな攪乱により絶えず変動する自然が前提とされ、人間は変動する自然との関係性を問われ、人間の関わりを排除した自然との関係ではなく、人間の継続的で安定的な関わりという、人間に由来する攪乱も含めて、両者の関係が変動する中での「共生」が重要になってきたのです。

　そのため、手つかずの自然に対して、人間を排除する形で自然との

21世紀に求められる「共生」の概念と「生きる力」　23

「共生」を考えるのではなく、人間にとって親しみ深く、また深く関わり合う中で文化的な営みも継承されてきた里山あるいは里海的な自然の重要性と、そうした自然との関わりとしての「共生」ということが大きな課題となってきています。これは、さまざまな地域、民族、国における、自然との関係に基づく多様な文化の固有の価値を認めようということであり、文化的多様性に基づく生物多様性こそが、「環境正義」的に求められるということになりました。こうした転換が、まさに「リオ」を原点として出現し、環境分野の新しい「共生」概念として提起されているのです。

　このように、人間と自然を対立的に捉えるのではなく、その関係性の中で人間の営みを捉え直すことが求められ、人間と自然との関係のみならず、資源やリスクの問題を中心として自然に向き合うような、人間と人間の関係の在り方も、広く環境の問題として捉えることが必要になってきました。こうした気運の中で、環境教育からより大きく包括させた持続可能な開発のための教育（ＥＳＤ＝Education for Sustainable Development）への転換が行われました。

3 ┆ 3・11の衝撃と、動態的な「共生」概念の登場

「はじめに」でも述べたように、人間と自然との「共生」を、単に静態的に捉えるのではなく、荒ぶる自然からの災害と、それを避けたり宥めたりするような人間の在り方を包括的かつ、動態的なものとして捉えることが求められてきています。国連の「ミレニアム生態系評価」のプロジェクトでは、生物多様性の評価を、「供給」「調整」「基盤」「文化的」という自然からの４つの「生態系サービス」という形で捉え、それら４つをバランス良く享受できることが重要であることを指摘しています。それに加えて桑子敏雄は「包括的ウェルネス」という形で河川などの自

24 ┆ 第1章　共生と教育1

然の恵みの部分と、自然災害など、脅威となるべきリスクの部分を統合的、包括的に捉え、自然からの福利を包括的に評価するための枠組みを提示してきました。このように、自然の恵みと禍を全体として捉えるような、自然と人間との動態的な関係性の在り方が重要であることは、さまざまなところで指摘されつつあります。

それを前提として、私たちが自然を前にして、どのように生きていくのかを考え、さまざまな地域計画を立てるとき、とりわけ、治水のような自然災害リスクを軽減するための課題や、「獣害」も含めた野生生物との現代的な関係における課題などを解決するためには、自然の恵みと災害リスクをよりトータルに捉えたうえで、自然を包括的な福利の視点から捉え直すことはどうしても必要になってきました。そのような議論が積極的になされる中で、東日本大震災が発生したのです。東日本大震災は、改めて私たちにそのことを気づかせました。

1990年代までは、基本的に人間と自然との関係の中では、科学技術の力を利用する人間が圧倒的に優位にある状態でした。つまり、人間が自然からの脅威を克服したような関係の中で、人間から切り離され対置された自然を守る根拠として、自然の価値付けの議論がなされてきました。一方で、災害などの自然の脅威に対しては、人間の生命や財産を守るための「防潮堤」などに代表されるように、人間の力で自然災害を押し込めるやり方が当然のことのように認められてきました。

しかし「リオ」以後、災害など、自然の禍も考慮しながら、改めて人間と自然との関係性の在り方を問うことが必要になってきています。人間は、自然との関係性の中でどのように対応するべきなのか。あるいは、どのような保全の枠組みを立てるのか。また、河川や海岸などでは、治水も含めた形でどのような地域計画を作っていくべきなのか。そのためにはどのような技術を用い、発展させるべきなのか。そもそも、人間は自然の脅威も心に留めながら、どのような形でそれぞれの地域で生きて

いくべきなのか。問われていることは大きいのです。

　東日本大震災の経験から、自然との関係、災害との関係について多くの教訓が得られました。その1つが、「コミュニティの力」の意味です。震災後、体育館などの避難所で多くの被災者の方々が食料などの外からの補給を待っている状況が見られました。一方で、いち早く高台に避難して持参した食料などを分け合いながら自分たちの力で避難先での生活を立て直している例もあったのです。東日本大震災では、普段からのコミュニティの力、災害に対応する力の必要性が改めて認識されることになりました。

　20世紀を通じて科学技術が発展したことで、人間は自然をコントロールできるという幻想を持ってしまった部分もありますが、科学の発展が明らかにした科学技術の限界は、根源的な自然における不確実性の存在を、私たちに十分に認識させました。科学技術の発展により、さまざまな制度的な対策も含め、人間は災害などから守られ、治水においても一滴も洪水の水を浴びないことを希求するようになりました。それは科学の勝利として素晴らしいようにも捉えられました。ですが東日本大震災を経験して、科学技術に頼るあまり、人間は驚くほど無能力となり、災害を前にして何もできないほどになったことと向き合い、呆然としています。しかし、呆然とさせられただけではありませんでした。日本の中には、まだまだ、災害という危機的状況を「コミュニティの力」で乗り越えようとするだけの潜在的な力を持ちうる地域もあったのです。

　科学技術により、また、国家など行政の力で建てられた人工構造物などにより、災害からまったくリスクなく生活できるよう求めることは、災害が多発するような状況では、ほとんど不可能になってしまいました。そもそも、そのようなことは原理的に困難なのです。私たちは、災害に立ち向かい、対応する「コミュニティの力」を再び持てるようにならなければ、これからの災害への対応は困難です。

26　　第1章　共生と教育1

人工構造物のようなハードな施策だけによらず、災害も考慮しなが
ら、多少の水をかぶる程度の災害を受忍することを前提とした地域の土
地計画の在り方、そして、コミュニティづくり、災害に対応することが
できる「生きる力」の醸成がどうしても必要なのです。

　防災まちづくりや防災教育の充実は緊急の課題として認識され、さま
ざまな取り組みがなされていますが、このことは、環境教育と無関係で
はありません。「リオ」以後の環境倫理の課題で、自然の恵みも禍もトー
タルに捉えるような自然との関係が求められています。自然を守ること
と人間の安全性を確保することはトレードオフではなく、両立可能な保
全の在り方もあるのです。自然には過度な環境の変化を軽減させるよう
な調整能力があります。自然の脅威を軽減するような形での自然環境の
保全も必要であり、さらに、自然と日常的にふれあい、自然の中で生き
ていくための力をつけることが、災害への対応能力を高めることにもつ
ながります。防災まちづくりの主体は住民ですから、災害に強い地域づ
くりの主体形成を考えたとき、社会教育的な視点からの環境教育の重要
性が浮かび上がってきます。従来の環境教育と、今後ますます必要な、
狭い意味での「災害教育」との連携、統合が大きな課題となってきてい
ます。また、学校教育と社会教育の統合の中で、災害の中で生き抜く力
を持つ、コミュニティの主体となる人づくりの視点が欠かせないことも
判明したのです。

4 ┊ 動態的な「共生」概念と
　　「生きる力」「ともに生きる力」

　文部科学省の学習指導要領の理念は「生きる力」です。これは、「知・
徳・体のバランスのとれた力」であると述べられています。その中身と
しては、「確かな学力」(基礎的な知識・技能を習得し、それらを活用し

21世紀に求められる「共生」の概念と「生きる力」　27

て、自ら考え、判断し、表現することにより、様々な問題に積極的に対応し、解決する力)、「豊かな人間性」(自らを律しつつ、他人とともに協調し、他人を思いやる心や感動する心などの豊かな人間性)、「健康・体力」(たくましく生きるための健康や体力) の3つが挙げられています。

　この「生きる力」の内容は、まさに、自然災害の中で生き抜く力と重なり、また、災害に強いしなやかな力を持ったコミュニティの主体となる人づくりに必要な視点でもあることが分かります。

　実際、そのことを踏まえて作られた、第2期教育振興基本計画(2013年6月14日閣議決定) では、東日本大震災からの教訓を踏まえて、この計画が目指す4つの基本的方向性の第1として、「社会を生き抜く力の養成」を挙げています。これは、「多様で変化の激しい社会の中で個人の自立と協働を図るための主体的・能動的な力」を醸成することだとも述べられており、OECDのキー・コンピテンシーにも関連したものとして説明されています。4つの基本的方向性のうち、あとの3つは、「未来への飛躍を実現する人材の養成」「学びのセーフティネットの構築」「絆づくりと活力あるコミュニティの形成」ですが、この中で、特に注目するべきは最後の項目です。この計画でも「人のつながりや支え合いの重要性」「自立したコミュニティによる地域の課題解決の重要性」といった、地域外のセクターとの主体的な関わりを深めることで、多様なバックグラウンドを有する人たちへの配慮、協働を認識しながら築き上げる新たな価値を創造することの重要性が詳しく述べられています。「社会を生き抜く力」は、個人の力であるだけでなく、コミュニティを形成し、絆の中核となる人間主体の形成に関わっているのです。

「生きる力」「社会を生き抜く力」の意味が、東日本大震災を経て、改めて深く問い直されていますが、それは、孤立した人間の力ではなく、人々が助け合い、支え合って、コミュニティを形成し絆を強めていく

「力」です。それは、「ともに」「生きる」「力」なのです。「共に生きる力」は、まさに、「共生」の「力」でもあります。

　古藤泰弘は「共生」概念について次のようにまとめています。「共生科学における『共生』とは、持続可能（sustainable）な社会を構築するため、個人の尊厳を基底に、生態系に対する人間の非破壊的で持続可能な環境づくりの中で豊かな生存関係を創出していくとともに、人間関係においては、他者との差異や異質を認め合い、かつ他者との対立・緊張関係を維持しながら、その中から社会的に平等で調和的に生きていく豊かな関係を創出していく営為である。」（『「共生」が論じられる背景と共生科学の課題』古藤康弘（2012）〈『共生科学研究序説』星槎大学共生科学研究会編　なでしこ出版　所収〉）この定義は、「共生」を静態的ではなく、動態的で、緊張感あふれる中での関係として捉えている。「人を認め」「人を排除しない」「仲間を作る」ということを原則とするような、ダイナミックな関係にある「共生」概念です。これは、「生きる力」「生き抜く力」「ともに生きる力」の基礎にあるものです。

5 ｜「持続可能な開発のための教育」(ESD)再考

　最後に、「持続可能な開発のための教育（ＥＳＤ）」について触れたいと思います。ＥＳＤは、従来、狭い意味での「環境教育」として展開されてきたものでは不十分であるとして、「現在と将来世代のために、持続可能な開発に貢献し、環境保全及び経済的妥当性、公正な社会についての情報に基づいた決定及び責任ある行動を取るための知識、技能、価値観及び態度を万人が得ることを可能にする」ものとして、ユネスコによって提起されてきました。これは、従来の狭い意味での「環境教育」ではなく、「環境」をより統合的に捉え直す中で、理科のみならず、社会、国語等々のさまざまな教科にまたがり、また、狭い意味での「学校教育」

21世紀に求められる「共生」の概念と「生きる力」　　29

を超えて、社会教育や地域づくり運動のようなものにまで広げられます。学校教育制度内で行われるフォーマル教育や、学校教育制度の枠外で行われるノンフォーマル教育、日常の経験などから学ぶ学習であるインフォーマル教育、そして幼児から高齢者までの生涯学習を網羅する新しい体系的な教育のプログラムなのです。このＥＳＤには、従来の狭い意味での「環境教育」だけでなく、開発教育、国際理解教育、平和教育、人権教育、多文化共生教育、福祉教育、ジェンダー教育などが含まれます。2005年から日本が主導して、「国連持続可能な開発のための教育（ＥＳＤ）の10年」を進め、2015年からは「ＥＳＤに関するグローバル・アクション・プログラム」が国連を中心に展開されています。

　ＥＳＤは、東日本大震災後の環境変動、社会変動の中で改めて、いままでの狭い意味での「環境教育」や「防災教育」を超えて「ともに生きる力」を育むための新たな教育の在り方として展開される可能性があるといっていいでしょう。本節で述べたような新たな枠組みを重要な概念とする「共生」を軸とした、新たな意味での「共生教育」が定式化されることが求められています。

30 　第 1 章　共生と教育 1

【参考文献】

● 『自然保護を問いなおす──環境倫理とネットワーク』鬼頭秀一　筑摩書房（1996）

● 「環境（的）正義論」鬼頭秀一（2000）（『アジア・太平洋の環境・開発・文化』〈未来開拓大塚プロジェクト事務局〉1号所収）

● 「環境倫理におけるホリスティックな視点とESD」鬼頭秀一（2008）（『持続可能な教育と文化─深化する環太平洋のESD ─』永田佳之・吉田敦彦編〈せせらぎ出版〉所収）

● 『環境倫理学』鬼頭秀一・福永真弓編　東京大学出版会（2009）

● 「統合的な教育的概念としての『環境教育』とその環境倫理学的基礎付け」鬼頭秀一（2013）（『学術の動向』＜日本学術協力財団＞12月号所収）

● 「制御から管理へ──包括的ウェルネスの思想」桑子敏雄（2009）（『環境倫理学』鬼頭秀一・福永真弓編〈東京大学出版会〉所収）

● 「『共生』が論じられる背景と共生科学の課題」古藤泰弘（2012）（『共生科学研究序説』星槎大学共生科学研究会編〈なでしこ出版〉所収）

21世紀に求められる「共生」の概念と「生きる力」

プロフェッショナルとしての教師について

細田満和子

星槎大学副学長。国際社会学会健康社会学部会理事。ハーバード公衆衛生大学院研究員等を経て現職。専門は社会学。

はじめに——教師という職業

　皆さんはどのような動機から学校の先生になろうと思ったのでしょうか。子どもが好きだから、教えることに喜びを感じるからなど、いろいろな理由があるでしょう。ちなみに学校の先生は子どもたちのなりたい職業として、アンケートでは常に上位に挙がっています。

　それでは皆さんは、学校の先生すなわち教師というのはどのような職業だと考えていますか。おそらく、子どもたちに教科を教える、生きる力をつけられるよう支援するなどといった答えが返ってくるのではないかと思います。

　教師という職業が何たるかについてはいろいろな考え方があると思いますが、ここでは私の専門である社会学というレンズからのぞいてみたいと思います。

32 ｜ 第1章　共生と教育1

社会学では、ある対象を見るとき、法律や理念などで規定されている
ものとしてではなく、一般の人々が認識しているものとして明らかにし
ようとします。そこで、現代社会において教師という職業は、一般にど
のようなものと認識されているかを見ていきたいと思います。

プロフェッショナルとは

　職業について社会学では、これまでにさまざまな議論が重ねられてき
ましたが、ここでは特に英語文化圏でのプロフェッション論を参照しま
す。総じて教師という職業はプロフェッショナル（専門職）の1つ、あ
るいはプロフェッショナライゼーション（専門職化へのプロセス）にあ
るものと考えられています。

　それではプロフェッショナルとはどんなものでしょうか。それを明確
にするために、まずプロフェッショナルに類似する言葉との比較をして
みます。

　例えばオキュペーション（職業）という言葉があります。これは広く
職業一般を指し示します。また、エキスパート（卓越者）やスペシャリ
スト（専門家）などといった言い方もあります。いかなる職業であって
も、職業に従事している人は誰でも、自分の仕事を一定の範囲に限定し
ているという意味で、またそれぞれの領域に通じているという意味で、
その道の専門家であり、エキスパートやスペシャリストだといえます。

　その中でもプロフェッショナルという用語が使われるときは、職業一
般やその道の専門家である以上の、ある特徴を持った職種が想起されま
す。では、その特徴とは何でしょうか。代表的なプロフェッション論を
参照しますと、第1に体系化された専門知識、第2に自律性、そして第
3に利他主義が特徴として挙げられます。

　これらの3つは、ある職業がプロフェッショナルであるか否かを分別

プロフェッショナルとしての教師について　33

する基準として、プロフェッショナルの条件と考えられています。それではこれらの条件について、もう少し詳しく見ていきましょう。

プロフェッショナルの条件

まず、第1の体系化された専門知識についてです。これはある業務において、体系的につくり上げられた独自の専門知識が存在することです。また、その専門知識を習得した者によって、業務が遂行されることです。

この独自の専門知識は、高度で抽象度も高く、取得には特殊な訓練が必要であることが期待されています。よって、この知識を習得しようとする者には、優れた知能と技術、そして高度な判断能力が要求されます。

ここで重要なのは、この専門知識が個人あるいは小集団の中だけではなく、広く社会的に有用と認められていることです。いくら専門性が高い知識であったとしても、世の中の人々から役に立たないと考えられているものだったとしたら、プロフェッショナルとはいえないのです。

次に、第2の自律性についてです。これは業務の遂行が、他からの指示を受けないで、自律的に判断されて行われることです。自律的に判断されるといっても、各個人が勝手に判断しているわけではありません。当該のプロフェッショナルが集団（これを「職能集団」といいます）を結成し、サービスの内容を独自に規定し、そのサービスの質を担保し、さらに質を維持するために自己規制をする能力を持っていることが重要なのです。

またこの職能集団の自己規制は、専門家と素人であるクライアントとの間に知識の不平等によって発生する、専門家による搾取をなくすために必要な条件でもあります。

最後に第3の利他主義についてです。これは、私的利益を追求するビ

ジネスマン（実業家）という近代人像に対して、パブリック・ミッション（公共的使命）を背負い、他者利益のために奉仕するものとして想起された職業人像の特徴です。プロフェッショナルは、自己の利益ではなく、クライアントの利益を優先させるという特徴を持っているのです。

教師というプロフェッショナル

　以上で、プロフェッショナルについて、だいたいのイメージを把握して頂けたかと思います。それでは教師という職業をプロフェッショナルとして捉え直してみたら、どのようなものになるでしょうか。

　まず、第1の体系化された専門知識に関して見てみます。教員になるためには、高等教育機関で一定の科目を履修し、教育実習などで訓練を受けることが必須とされています。皆さんも学生だったころ、高度で抽象度の高い授業を受け、専門的な知識を習得されてきたことと思います。また教育実習などでは、教師になるための特殊な訓練を受けてこられたことでしょう。さらに今日、教師にはさらに高度な知識や訓練が必要という論調もあり、教職大学院の設置や教員教育の修士化が議論されたりしています。

　次に第2の自律性に関して見てみます。これは教育という業務の遂行が、他からの指示を受けないで、自律的に判断されて行われていることです。教室の中で、子どもたちに対してどのような授業を行うかは、個々の教師の創造性や自由裁量に任されているのではないかと思います。また自己規制という点については、10年ごとに教員免許を更新する制度がそれに当たるでしょう。講習を受けて専門知識をアップデートし、知識や技能を質量共に高めていく免許更新の制度は、教育の質を担保するための、教員という職能集団による自己規制と捉えられます。

　最後に第3の利他主義に関して見てみます。これを教師に当てはめる

プロフェッショナルとしての教師について　　35

と、教育は教師のためではなく、子どもたちのために行われている、ということになります。皆さんが学校で子どもたちに教えているとき、それは自分のためですか。もちろん、そういう面もあるかもしれませんが、一義的には「子どもたちのため」と考えていらっしゃるのではないでしょうか。

教育についてのさまざまな見方

　このように、教師はプロフェッショナルとしての条件を満たした職業ということができます。ただし、ここでぜひ皆さんに注意を喚起したいことがあります。それは、教育や学校そのものが、人間の自由で豊かな発達を阻害するような構造的落とし穴を内包しているのではないか、という見方もあることです。

　社会学は、1つの現象について複数の見方があることを掘り起こして、複雑な社会を理解しようとします。プロフェッション論が教師のある側面を表しているとしたら、別の見方もあるのです。それをここでは2つほど簡単に紹介しておきたいと思います。

　1つ目は、教育の形態が教師から生徒へと一方向的に知識を伝達するようなものであったとき、生徒はより大きな世界の問題にさらされ、変革を目指そうとする契機を失ってしまうのではないか、というものです。この議論によれば教師は、生徒が世界に向けて開かれてゆく可能性をはばんでしまっているのです。

　こうした見方は、ブラジルの教育学者パウロ・フレイレに依拠しています。フレイレは、教師が生徒に一方向的に知識の伝達を行う形態の教育を「銀行型教育」と名付けて批判しています。「銀行型教育」とは、空の銀行口座のような生徒に、まるで預金を繰り返していくように、教師が知識の詰め込みを行っている教育の在り方です。

36　　第1章　共生と教育1

フレイレは、こうした「銀行型教育」に対して、「問題提起型学習」を提唱します。「問題提起型学習」では、単に知識を教え込むのではなく、教師と生徒との対話を重視します。そして、互いにより大きな世界の問題に取り組みます。このことによって、両者共に、社会を良い方向に変革していくことにいざなわれるというのです。

　2つ目は、学校が、生徒の自由闊達な発達を促す場所ではなくて、権力者にとって都合のいい人間になるように訓練する場になっているという指摘です。この議論によれば教師は、知らないうちに生徒の規格化に加担してしまっているのです。

　フランスの哲学者ミシェル・フーコーは、近代社会においてはディシプリン（規律・訓練）が重要視され、個人は自覚しないままに、権力に対して従順な体や精神につくり変えられていることを示しました。そして学校は、規格化された人間をつくり上げるものとして、軍隊や病院や監獄や工場と並んで、典型的な規律訓練の場であることを指摘しました。

　フーコーは、近代社会における非人間化の構造に対する処方箋は出していませんが、この構造に自覚的であれというメッセージを残しています。学校が生徒たちを規格化する訓練の場にもなりうることを自覚し、教育の別様な在り方を模索することは、一人一人の教師や教員職能集団に委ねられているといっていいでしょう。

　以上で、教師という立場が陥りやすい負の構造と、それを回避する手掛かりに関する議論を紹介しました。このような見方は、日々、子どもたちと接していて熱心に教育活動を行っている先生たちにとっては、煩わしいうがった見方に映るかもしれません。しかし、教育や学校に対してはこうした見方もあることを知り、批判を乗り越えられるようにすることが、とても重要なのではないかと思います。

プロフェッショナルとしての教師について　37

終わりに──教育はチームで

　米国では、毎年、全米ナンバーワン教師が選ばれる催しがありますが、2012年の受賞者のレベッカ・ミルウォーキーは、「私たちのミッションは、一人一人の生徒を見ること。彼らの進歩を全人格的に評価すること」とおっしゃっていました。

　フレイレやフーコーが警鐘を鳴らしているように、教育は、子どもたちに何かを教え込み、権力者にとって都合の良い人間につくり上げるというだけのものではありません。そうではなく、ミルウォーキーのいうように、子どもたちの持っている素晴らしい何かを見つけ出し、それを認めて、育んでいくものだと思います。これは、プロフェッショナルの条件である利他主義、すなわち自己の利益よりも他者の利益を追求することに他なりません。

「教えられる者が教え、教える者が教えられる」とフレイレはいいます。これは教師と生徒の間に、相互的な親愛の情や信頼があり、コミュニケーション（対話）が実現したときに可能になります。教師は、生徒から能動的な役割が与えられ、より共同的な学習が可能になるのです。

　この共同的な学習においては、チームという思想と実践が重要になってくるでしょう。子どもが本来持っている力を引き出し、育んでいくことが教育だとしたら、いかにその力を見極め、どう支援したらよいのかを探り、導いてゆくためには、さまざまな異なる立場を持つ人々が、互いに認め合って協力してゆくことが肝要になるでしょう。

　どういうことかといいますと、子どもの育ちにとって必要であるならば、学級担任だけでなく、特別支援教育支援員や養護教諭や校長、親や地域の人々、塾やおけいこ事の先生、場合によっては医師や看護師なども、教育のチームの一員として参画することが求められているのではないかということです。プロフェッショナルの条件には自律性がありまし

38　　第1章　共生と教育1

たが、互いに自律した主体によるコラボレーション（協働）による効果は、教育においても期待され得るものであり、重要な課題になってくると思われます。

　ただし、これはイヴァン・イリイチが「学校化された社会」と批判したような、プロフェッショナルによる教育の専制を意味するものではありません。むしろ、イリイチが提案している、専門家だけが教育に携わるのではなく、子どもの育ちに関わっているすべての人々がネットワークを作り、お互いに情報を交換しながら参画することを指しています。

　こうした教育の在り方は、人を認め、誰も排除せずに、仲間となる共生社会への布石を敷くことになるでしょう。教師に期待される役割は大きいものがありますが、いろいろな人たちに支援を求め、互いに連携しつつ、子どもたちと共に成長し続けていってほしいと思います。

【参考文献】

- Brint, S., 1994, In an Age of Experts : The Changing Role of Professionals in Politics and Public Life, Princeton University Press, NJ.
- 『監獄の誕生─監視と処罰』ミシェル・フーコー　田村俶訳　新潮社（1977）
- 『医療と専門家支配』エリオット・フリードソン　進藤雄三・宝月誠訳　恒星社厚生閣（1992）
- 『被抑圧者の教育学』パウロ・フレイレ　小沢有作他訳　亜紀書房（1979）
- Good, W.J., 1957, Community within a Community : The Profession, American Sociological Review, 22, 194-200.
- 『脱学校の社会』イヴァン・イリイチ　東洋・小澤周三訳　東京創元社（1977）
- 『社会体系論』タルコット・パーソンズ　佐藤勉訳　青木書店（1974）

プロフェッショナルとしての教師について

必要とされる教員

平出彦仁

星槎大学大学院教育学研究科長・教授。横浜
国立大学名誉教授。中部大学名誉教授。専門
は教育心理学。

はじめに

「教職は、日々変化する子どもの教育に携わり、子どもの可能性を開く
創造的な職業であり、このため、教員には、常に研究と修養に努め、専
門性の向上を図ることが求められている。教員を取り巻く社会状況が急
速に変化し、学校教育が抱える課題も複雑・多様化する現在、教員には、
不断に最新の専門的知識や指導技術等を身に付けていくことが重要と
なっており、『学びの精神』がこれまで以上に強く求められている。」

（中央教育審議会答申「今後の教員養成・免許制度の在り方について」
〈2006．7．11〉）

　冒頭から紋切り型の堅苦しい言葉を並べてしまいました。しかし、こ
れからここで言及することのエッセンスの一部ですので、ご面倒でも再
度読み直してみてください。

第1章　共生と教育1

教員に求められる資質能力

　いつの時代でも、教員として望ましい資質能力の議論は尽きないものです。特に、大学等における教員養成の在り方は養成しようとする教師像と不可分の関係にありますので、社会状況の変化を踏まえた教員養成の教育課程編成の問題は文部科学省においても、関係大学等においても多大な労力を費やして協議されます。

　私が所属した教育職員養成審議会（教養審）や中央教育審議会（中教審）初等中等教育分科会では、教養審第一次答申「新たな時代に向けた教員養成の改善方策について」（1997. 7）、中教審答申「新しい時代の義務教育を創造する」（2005. 10）、および前記の中教審答申（2006. 7）で報告しているように、事の始めとしてまず「教員としての望ましい資質能力とは何か」という課題が社会状況等の変化を踏まえて審議されました。そしてその審議内容にほぼ呼応して大学等における教員養成課程のカリキュラム改正、つまり教育職員免許法（以下、教員免許法）に定める「教職に関する科目」や「教科に関する科目」などの内容やその比重、取得単位数などが、カリキュラムの全体的構造の中で柔軟に対応しうるよう配慮しながら、校種ごとに論議・検討されたのです。

　しかし今日振り返ってみると、それらの審議の中身は初めのうちは今日の大学・学部等における教員養成にいったい何が問題なのか、何が不足しているかという議論に走りがちでした。そもそも教職科目を担当する大学教員自身が、学校現場の教育課題に無関心であるとか、教育基本法とか学習指導要領などの本を開いたことがあるのか疑わしいとか、文学部や理学部の講義内容とほとんど変わらない授業を長年続けているといった厳しい指摘もありました。

　しかし、教養審でも中教審でも回を重ねるに従って、教員養成の在り方や教員の資質能力論に関する極めて多様な建設的な意見等が出される

必要とされる教員　41

ようになりました。それらの審議結果が答申され、教員免許法の改正に至ったわけです。

　特に、2005年中教審答申においては、Ⅱ−A）のような①から⑥の状況における諸課題に確実に対応し得る教員の資質能力とはいかなるものであるかが論議され、そこでまとめられた「教員に求められる資質能力」をⅡ−B）のⅰ、ⅱ、ⅲで示されたことは、すでに多くの方々はご存じのことと思います。

Ⅱ−A）

① 「知識基盤社会」の到来など、社会構造の急激な変化への対応

② 指導力不足教員の増加など、教員に対する信頼の揺らぎ

③ 家庭や地域社会の教育力の低下など、学校や教員に対する期待の高まり

④ 共同体としての学校機能の低下など、教員の多忙化と同僚性の希薄化

⑤ 子どもの学ぶ意欲や体力等の低下など、学校教育が抱える課題の複雑・多様化

⑥ 退職教員の増加に伴う量及び質の確保

Ⅱ−B）

ⅰ　教職に対する強い情熱——教員の仕事に対する使命感や誇り、子どもに対する愛情や責任感など

ⅱ　教育の専門家としての確かな力量——子ども理解力、児童・生徒指導力、集団指導の力、学級づくりの力、学習指導・授業づくりの力、教材解釈の力など

ⅲ　総合的な人間力——豊かな人間性や社会性、常識と教養、礼儀

42　　第1章　共生と教育1

> 作法をはじめ対人関係能力、コミュニケーション能力などの
> 人格的資質、教職員全体と同僚として協力していくことなど

　このような「教員に求められる資質能力」を身に付けるために、今日の大学・学部等の教職課程には、おそらく更新講習をお受けになる方々の大学時代にはなかった、例えば「教職概論」「総合演習」「教職実践演習」や「教育実習事前・事後指導」などの教職科目が開講されたり、介護体験が求められたりしています。何よりも、実践的指導力の養成が急務であることから授業形態は座学から実験・演習へ、つまり講義主体からディスカッション、ロールプレイング、ワークショップなどの導入へと大きく様変わりしてきています。

　しかも、教員になることを志す学生は1年次から年次計画的に実施される教職指導を受けていくことが必要で、履修する教職科目の教育目標の達成状況を学年進行ごとに点検評価しなくてはなりません。そして、最終学年次に開講される授業科目「教職実践演習」は、教員1年生として十分な資質能力を大学としていわば品質保証できるような授業が展開されるのです。この科目は、一般的には、教職科目専門教員と教科教育専門教員の2者、大学によってはさらに実務家教員と称される小・中学校などの学校教育現場経験者が加わる3者の協働があってこそ最も良い効果が産出されてくるとされています。

　今後は、教育機関が幼稚園であれ、小・中学校であれ、高校や特別支援学校であっても、新任教員はかなり高度の教育実践能力や即戦力の持ち主であるということができます。そうなるような教員養成システムが構築されているからですが、皆さんはこの状況をどのように判断しますか。もっとも、教員の資質能力は大学の養成段階で止まっているのではなく、その後の教員としての長い教育実践活動や種々の研修機会などを通してさらに成長していくものであるということは、周知の通りです。

必要とされる教員　43

子どもにとって必要とされる教員

　これまで、これからの時代に求められる「教員としての資質能力」やその養成について縷々述べてきましたが、その内容は全面的には首肯し難いものだとする人も少なからずおられます。大学等の養成段階では官製の紋切り型教員を育てているのかという批判もあります。

　しかし、一般的に教員養成に特化している大学・学部等の方がカリキュラム構造の柔軟度は高く、数多くの選択必修や選択科目なども開講されて、個々人の得意分野を十分に伸ばすことができ、少々誇張するならば教員の個性化、個別化が保証されているのです。そして教員として着任後は、個性的な知識・技能などを日々の教育活動やさまざまな研修の積み重ねでレベル・アップしていき、ついには押しも押されもせぬ教員としての力量（「教師力」）を発揮するようになると考えているし、そう期待されているわけです。

　ところでここで、ストップ！　目線を変えて「子どもサイド」から見た教員像を少し考えてみたいと思います。つまり、指導する大人の立場から考える教員像と教えられる子どもが必要とする教員像は同じか否かということです。現職教員を含む私たち大人は「教員として求められる資質能力」について子どもたちに何をしてやるのかという視点で論じてきていました。激動する社会の下で次々に誕生してくる文化、技術などの習得は子どもの方が圧倒的に早く、しかも正確な場合があります。そういう時代であるからこそ、子どもたちが教員である自分たち大人に「いま・ここで」何をしてもらいたいのかという視点からの検討があってもいいのかもしれません。

　私たちは自らの小・中学校時代の先生方を思い出してみるとき、本当に素晴らしい、いい先生と、反対に嫌だった先生や、ほとんど記憶にとどまっていない先生がいることに気付きます。本当に素晴らしい、いい

先生とはどういう人だったのでしょうか。身近にいる大学生数人に尋ねてみたところ、ほぼ全員が小学校低学年の頃は子どもと一緒になって楽しく元気に遊んでくれる先生を挙げています。つまり、小学校低学年頃の子どもたちにとってはそういう先生が必要とされる教員なのだろうと思われます。

　ところが、小学校高学年から中学校、高校となるに従って素晴らしい、いい先生像は評価者の個人的な要因に規定されてくるようでした。部活の複雑で個人的な友人関係の問題解決、家庭に関する悩みの相談、子どもの目線に立った公平な対応、懇切丁寧な分かりやすい個人指導の展開、想像し難いほど苦労した先生自身の人生経験を踏まえた進路指導など、そういうことをしてくれた先生を大変印象深いいい教員だったと指摘しました。このように、子どもにとって必要な教員というのは、教員の教育活動全体から見ると、極めて断片的な出来事で判断されていることが分かりました。

　いわゆる子どもの多様化が見られる今日においては、子ども一人一人の個性に見合った教員の多様性に富む柔軟な対応がますます必要になってきています。A君にもB君にも良い効果をもたらした指導方法がC君にも適合するとは限りません。教員として求められる資質能力である「授業力」や「人間力」も常にブラッシュ・アップする学びをしていかなければ、日々成長著しい子どもたちに対応できなくなると推測されます。

　今後また、社会の激変に応じた学校教育の在り方や教員の資質能力の議論がなされるようになったとしても、教員の仕事は子ども一人一人が個性的に一人の自立した人間として生きていくための「人間力」を育てることであり、教員はそのような仕事を可能にする資質能力を身に付けるべく研さんする必要があるということになります。

必要とされる教員　　45

【参考文献】

● 中央教育審議会答申「今後の教員養成・免許制度の在り方について」
（2006. 7. 1 ）

● 教育職員養成審議会第一次答申「新たな時代に向けた教員養成の改善方策
について」（1997. 7.28）

● 中央教育審議会答申「新しい時代の義務教育を創造する」（2005.10.26）

ヒトへの道のり、そして「人」へ

森川和子

星槎大学特任教授。東京農工大学助手、助教授、教授を経て2005年定年退官後、現職。専門は微生物生態学。

　私たち人間は日々の生活に何の疑いもなくご飯を食べ、パンを食べています。肉や魚も食べ野菜も食べます。そしてデザートとして木の実や果物を食べます。また、私たちは生きていく上で酸素が必要です。現在、地球上には私たち人間と共に数百万種もの生きものがすんでいます。ヒトと同じように、全ての生きものは生きるために食べ物（エネルギー源）が必要です。現在生息している生きものは、40億年に及ぶ環境変化をくぐり抜けてきた"生き残り"です。そのための生きざまには"共生"という生存戦略が不可欠でした。

最初の生命はどんなもの？

　現在生息している生きものは、大きさが1mmの100分の1から1000分の1という微細な原核生物（細菌・バクテリア）から、われわれヒト

のように複雑な形態を持ち、60兆個もの細胞を持つ脊椎動物まで実に多様です。「こんな形で生きもの!? こんな色で生きもの!?」と驚くこともしばしばでしょう。現在生息している全ての生きものが40億年前にさかのぼる生命誕生当初から、ずっと地球上に生息していたということは考えにくいですね。最初に誕生した生命はどんなものだったのでしょうか。この問いに対して、現代生物学は思わぬ方向からその姿に迫っています。それは、現存する多様な生きものの細胞の中に記されている遺伝情報を解析する方法です。現在から過去を読み解く、まさに発想の転換です。化学分析技術の進歩と、コンピューター産業の発展という異なる方向のアプローチが合体して、現存する生きものがいつ頃祖先と分岐したかを数字として明らかにすることができるようになったのです。

　あなたは、最初の生きものはどのくらいの大きさで、どのような性質のものであったと想像しますか？ それは最低限、子孫に受け継がれる遺伝情報と、自身の細胞を維持する代謝能力を持ち、外界と隔離された膜に包まれた存在であったはずです。すると大腸菌のような原核生物にたどり着きますね。代謝機構と、遺伝情報ＤＮＡを包み込む大きさを最低条件として、これ以上小さい生きものではなかったでしょう。

生きていくエネルギー

　原始海洋では、運よく１つの膜に収まって"共生"した有機化合物分子のみが、生命として次のステップに進むことができました。生きていくエネルギー源はやはり有機化合物です。全ての生きものに共通した化学エネルギーは図１に示したようなアデノシン三リン酸（ＡＴＰ）と呼ばれる物質で、末端のリン酸基に化学エネルギーが含まれています。ＡＴＰの骨格であるアデニンは、遺伝情報を構成する４つの塩基のうちの１つです。

図1 アデノシン三リン酸（ATP）

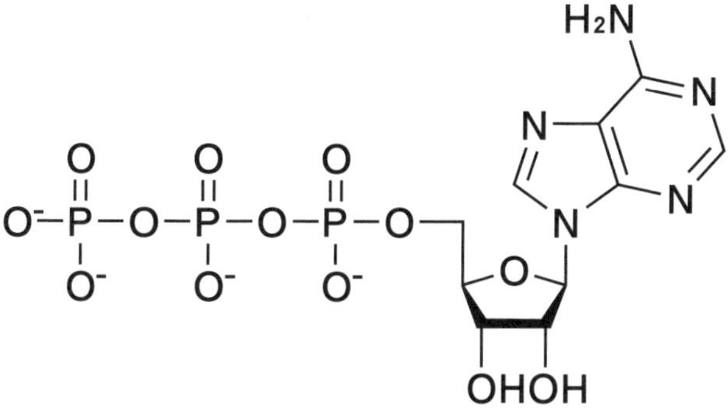

$$H_2N$$ ...

酸素の誕生

　初期の地球には酸素はありませんでした。40億年前に誕生した最初の生命は、分裂して地球上のあらゆる環境へ進出していきました。とても人間は住めないような高温の環境、酸性あるいはアルカリ性の強い環境、また低温で凍った環境へと、想像できないような所へも分布を広げていったのです。最初の生命は直接細胞表面の膜から有機物を吸収して、嫌気的に（酸素の介在を伴わない）有機物分解を行って化学エネルギーＡＴＰを得ていました。やがて利用できる有機物が枯渇すると、まったく新しいエネルギー獲得方法によってＡＴＰを得るものが現れました。無尽蔵にある太陽エネルギーの利用です。当時大気組成の80％以上を占める二酸化炭素と水から、太陽エネルギーを用いて「光合成」を行う生きものが登場したのです。

ヒトへの道のり、そして「人」へ　　49

図2 光合成反応

$$6CO_2 + 6H_2O \Rightarrow C_6H_{12}O_6 + 6O_2 \uparrow$$

太陽エネルギー

⇒の反応に太陽エネルギーが関与

　光合成反応では、有機物の嫌気的分解によりATPを得るよりはるか
に効率よくATPを得ることができます。光合成生物はその数をどんど
ん増やしていきました。ところが、光合成反応では有機物（$C_6H_{12}O_6$）
を作り出す際、余剰産物として酸素（O_2）が放出されます。この酸素は、
初め海水中で鉄イオン等と結び付いて消費され、現在の鉄鉱床（地殻の
中で特に鉄鉱石が濃集した部分）を作りました。酸化する物質がなくな
ると、酸素は環境中を漂い、やがて大気中に放出されたのです。その結
果、地球環境は約20％の酸素を含む大気に覆われることになりました。
最初の大規模な地球環境汚染といわれています。しかし、これが引き続
く生物進化の大きな要因となりました。

「細胞内共生」という逃げ道

　現在でもそうですが、酸素は強い酸化力を持つ毒物です。嫌気的環境
で誕生した嫌気的な代謝経路しか持たなかった生きものは、酸素の害に
より多くは絶滅しましたが、あるものは酸素のない所に潜ったり、ある
いは岩陰に隠れたりして酸素の害から逃れました。またあるものは酸素
を利用できる細胞の隣にすんで酸素の影響をしのいだのです。そしてあ
るものは自らの細胞の中に酸素を利用できる細胞を取り込むという離れ
業を行い、細胞内で酸素を使ってもらうという手段を取りました。これ

50　　第1章　共生と教育1

が「細胞内共生」の始まりです。自分の細胞の中に他の細胞を取り込んで共に生きるという方法は"共生"の本質です。他の細胞の中に居住空間を得た侵入者の細胞は、後にミトコンドリアとして好気的代謝を担う主体となり、多大のＡＴＰエネルギーを細胞に供給することになりました。いまから20億年前のこととされています。そこで用いられた「細胞内共生」という新しい生き方によって、現在の多様な生きものを形作る真核細胞が誕生したのです。それ以来、私たちヒトも含めて、真核生物は「細胞内共生」を行っている細胞の"共生"という生き方を引き継いでいます。

単細胞生物から多細胞生物へ

　20億年前に誕生した真核生物は、光合成を行う緑藻類の仲間だと考えられています。これらの仲間はプランクトンとして捕食者のいない海で増殖を続けていました。急激な環境変化に対しては、中心に一部の個体を集め、周りを他の細胞が囲んで自らの仲間の遺伝子を守りました。このことが多細胞生物の道へつながっていきます。そして、雄・雌という性の分化が生じたのです。生殖細胞が形成されるときには減数分裂が起こります。減数分裂ではランダムに遺伝子の組み換えが生じるため、新たな性質を備えた細胞を生み出すことが可能になり、飛躍的な進化が可能になりました。16億年前の地層から多細胞真核生物である藻類の化石が発見されています。動物の仲間では10億年前の地層にクラゲの仲間が見られます。この時代を原生代と呼びますが、現在のような大陸はなく、地球は外殻でも内部でも大きく動いていました。最近の分子生物学は、9億年から10億年前に遺伝子の大爆発があったとしています。それは引き続く全球凍結という環境変動を控え、大絶滅が起こることを予測したかのような生きものの準備活動であったかもしれません。

ヒトへの道のり、そして「人」へ　　51

カンブリア大爆発

　5億7000万年前の地層とされるオーストラリアのエディアカラヒルズから発見されたエディアカラ生物群には、およそ30種類の化石が見いだされています。ところがわずか1000万年後の地層であるカナダのバージェス頁岩からは1万種にも上る化石が発見されたのです。わずか1000万年という地質学的には短い間に、急激に生物の種類が増えたことからカンブリア大爆発といわれています。カンブリア大爆発では、現在われわれが目にすることができないような奇想天外な生物も存在していました。体長60cm以上にもおよぶアノマロカリスが最大の生きものです。この頃になって初めて他の生きものを捕食するという食物連鎖の関係が生じていたことがうかがわれています。これまで環境中に溶けているエネルギー物質に頼っていた生きものは、初めて他の生きものを捕食するというエネルギー摂取形態を取ることになりました。緑藻類のような光合成生物が底辺にある生産者となり、植物を食べる1次消費者、そしてそれを捕食する2次消費者の食物ピラミッドが形成されていきました。世界各地にこの時代の生きものの化石が残されていますが、三葉虫が最も多様で優占していた仲間です。進化の実験場といわれているほど、この時代に現存のほとんどの動物の原型が登場しました。これ以降を顕生代といい、顕生代はさらに古生代・中生代・新生代と区分されます。

全球凍結

　6億年から7億年前、全球凍結という地球全体が凍り付く出来事があり、赤道付近も氷河に覆われたとみられています。たび重なる環境の激変に対して、誕生した生命はその都度絶滅し、また新たな生命が誕生したと考えられていました。しかし、分子生物学の発展は、現存する全て

の生きものの遺伝情報を担うＤＮＡの分子構造が、暗号となるアデニン・グアニン・シトシン・チミンという４種類の塩基で構成され、全ての生きものの遺伝情報に共通であることを明らかにしました。40億年前に誕生した最初の生きものが環境変動を乗り越えてずっと現在までつながっているということです。この事実は、現在残っている生きものは、地球環境の変化に耐える遺伝情報を持ったものであることをも示しています。そして、環境変動に耐える遺伝情報を持つという事実はわれわれヒトにも受け継がれているのです。

大絶滅は繰り返し起こった

　５億4200万年前に始まる古生代は、生きものの化石の状況から、カンブリア紀・オルドビス紀、シルル紀、デボン紀、石炭紀、ペルム紀に区分されます。これは時間経過によって等間隔に区分されているわけではなく、海生動物の科の数に基づく大絶滅が起こったときを紀の境界としています。カンブリア紀の生物は繰り返す絶滅の危機をくぐり抜け、３億9000万年前には初めて背骨を持った仲間、両生類のイクチオステガが陸上へと生息環境を広げていきました。

　２億5200万年前に起こった大絶滅は、800万年の間に引き続く２回の絶滅が起こった地球史上最大の絶滅とされ、古生代に引き続く中生代と区分されています。このとき三葉虫など海の無脊椎動物の９割が絶滅しました。またこの時期には地球磁石の磁極が反転したことも知られています。２億5000万年前には珪藻などの紅色の植物プランクトンが１次生産者の緑藻類に取って代わりました。紅色のプランクトンは緑藻類より栄養価が高く、海洋生物を爆発的に多様化させ、現代の海洋動物相の到来につながりました。

ヒトへの道のり、そして「人」へ　　53

恐竜の絶滅

　石炭紀後半に主要な大陸が１カ所に集まり超大陸パンゲアが誕生しました。海洋は１つの広大な超海洋パンサラサとなりました。ペルム紀とトリアス紀の境界をＰ－Ｔ境界といい、このとき最も大きな絶滅が起こったとされています。この大絶滅の後の中生代は、トリアス紀（以前は三畳紀）、ジュラ紀、白亜紀と３つに区分され恐竜の時代となります。中生代は陸では恐竜が、海ではアンモナイトが支配していました。6500万年前に始まる新生代との境界（Ｋ－Ｐg境界）に、１億6000万年もの間、地球環境に君臨していた恐竜が絶滅するという大事件が起こりました。巨大隕石が中米のユカタン半島に落下したことによる地球環境の激変が主な原因とされています。恐竜が絶滅したにもかかわらず、その地球環境でわれわれ哺乳類の祖先はすでに絶滅したキツネザルのような小さな動物として生き延びていました。そして、恐竜がいなくなった広大なニッチに適応放散していったのです。

ヒトは遅れて地球環境に登場した

　人類はいまから700万年前、類人猿の一種チンパンジーと分岐しました。アフリカにおいて広大なジャングルが草原に変わり、われわれの祖先は二足歩行を可能にしていきました。二足歩行により手が自由になり、ヒトの特徴である大脳がさらに発達したとされています。

　このように、ヒト（ホモ・サピエンス）はわずか20万年前に生物進化の歴史の最後に分岐した、生物界の"新参者"といえます。発達した大脳を駆使することにより、食糧を他の生物にのみ依存するのではなく、自らの手で農耕を行い牧畜を行って得るようになりました。自然界では生物の数は食糧となる生物の数によって制限されています。餌生物が減

54　　第１章　共生と教育１

少すれば、捕食者は餌不足で減少し、捕食を免れた餌生物は食われないことで数が増えます。ヒトが自分たちの餌を作ったことでこのような自然界のバランスがいとも簡単に崩れ、現在70億人を超える人口にまで膨れ上がりました。

「人」になったヒト

　私たちヒトは地球進化の歴史の最後に、多様な先住生きものの仲間に加わりました。そしてヒトの特徴である発達した大脳の働きによって、自然界では考えられないような生き方を始めました。ヒトは農耕や牧畜により餌を増やすことによって、自らの数を増やして「人」への道を歩み始めたのです。

　40億年におよぶ地球生命の歴史を通して、生きものが地球環境との相互作用の中で進化してきた生きざまは"共生"でした。全ての多様な結果に意味があるということは、取りも直さず生物進化の歴史において生きものが歩んできた方向に他なりません。地球環境はヒトだけのものではなく、生息する全ての生きものが存続可能な環境であるべきでしょう。現存する全ての生きものは、40億年前に1つの原始生命から出発した掛替えのない同胞であり、地球という天体で"共生"している仲間であるからです。

ヒトへの道のり、そして「人」へ　　55

【参考文献】

● 『共生科学研究序説』星槎大学共生科学研究会編　なでしこ出版　（2012）

● 『ミクロコスモス―生命と進化―』L. マルグリス L、D. セーガン　東京化学同人（1989）

● 『生命と地球の進化アトラス（Ⅰ、Ⅱ、Ⅲ）』小畠郁生監訳　朝倉書店（2003）

● 『「共生」とは何か』松田裕之　現代書館（1995）

● 『日経サイエンス　特集大絶滅と復活』（2013.10月号）

● 『生命と地球の共進化』川上紳一　日本放送出版協会（2000）

● 『生命最初の30億年』アンドルー・H・ノール　斉藤隆央訳　紀伊國屋書店　（2005）

● 『人類進化の700万年』三井誠　講談社（2005）

● 『共生という生き方』トム・ウエイクフォード　遠藤圭子訳　シュプリンガー・フェアラーク東京株式会社　（2006）

● 『不都合な真実』アル・ゴア　枝廣淳子訳　ランダムハウス講談社（2007）

第2章

必修領域

第**1**節 国の教育政策や世界の教育の動向

世界の教育潮流
～各国のアクティブラーニングから～

天野一哉

星槎大学大学院教授。法政大学兼任講師。
ジャーナリスト。専門はコミュニケーション
学・教育学。

　ケニアの乾いた大草原を幼い兄妹が足早に進んで行く。まわりには象
やキリン、シマウマが群れをなしている。*2人は、毎日、2時間かけて
15キロの道のりを徒歩で学校へ通う。この地域では毎年、数人の子ども
たちが象の群れに襲われて命を落とすという。*

　これは、ドキュメンタリー映画『世界の果ての通学路』(パスカル・
プリッソン監督　2012)の一場面です。この映画では、2人の兄妹以外
に、車椅子を弟に押してもらい4kmの悪路を1時間以上かけて通学する
インドの少年や片道18kmの山岳地帯を妹と2人で1頭の馬の背にまた
がり小学校へ向かう少年の姿が描かれています。
　パスカル・プリッソン監督が自ら言うように、これは「特殊」な事例
かもしれません。しかし、ところ変われば通学環境も違うでしょう。国
が変われば教育事情も異なります。私たちが「当たり前」と思い込んで

58 ｜ 第2章　必修領域

いる教育の「常識」は世界では通用しないかもしれません。一方、戦争
や貧困という最悪の状況でも、学校へ通う、学ぶという行為そのものは、
人類の普遍的な「願い」であるはずです。このように国や地域によって
異なることもあれば、万国共通のこともあるでしょう。この節では、現
在、日本でも大きな潮流となっている「アクティブラーニング」を切り
口に世界の教育動向を概観することにします。

1 ┊ アクティブラーニングとは何か

　2014年、文部科学大臣は、中央教育審議会（中教審）に対する「初等
中等教育における教育課程の基準等の在り方について（諮問）」の中で
「『どのように学ぶか』という、学びの質や深まりを重視することが必要
であり、課題の発見と解決に向けて主体的・協働的に学ぶ学習（いわゆ
る『アクティブ・ラーニング』）や、そのための指導の方法等を充実さ
せていく必要があります。」と提言しています。このことから2020年以
降の次期学習指導要領では学習方法としてアクティブラーニングが導入
されることが確実視されています。

　これに先立つ2012年の中教審「新たな未来を築くための大学教育の質
的転換に向けて〜生涯学び続け、主体的に考える力を育成する大学へ〜
（答申）」では、「従来のような知識の伝達・注入を中心とした授業から、
教員と学生が意思疎通を図りつつ、一緒になって切磋琢磨し、相互に刺
激を与えながら知的に成長する場を創り、学生が主体的に問題を発見し
解を見いだしていく能動的学修（アクティブ・ラーニング）への転換が
必要である。すなわち個々の学生の認知的、倫理的、社会的能力を引き
出し、それを鍛えるディスカッションやディベートといった双方向の講
義、演習、実験、実習や実技等を中心とした授業への転換によって、学
生の主体的な学修を促す質の高い学士課程教育を進めることが求められ

第1節　世界の教育潮流　┊　59

る。」と述べられています。これ以降、高等教育ではアクティブラーニングが大きなトレンドになっています。

このようにアクティブラーニングは、一般的に「課題解決（型）学習」「能動的学修」と訳されています。他方「アクティブ」という言葉のイメージから、なんらかの外的（可視的）「活動」を伴う学習とも解されています。暫定的ですが、筆者は「アクティブラーニング」を「汎用的能力（キー・コンピテンシー等）を身につけ、自己実現、社会変革等、世界で主体的に生きるための予行実践（演習）として、学習者が能動的（自主的、積極的）に活動する学習形態の概念」と定義づけています。中教審では「汎用的能力」を「認知的、倫理的、社会的能力、教養、知識、経験」（前述「答申」）と位置づけています。「キー・コンピテンシー」についてはのちに詳述します。筆者の定義での「活動」は、外的（可視的）なものだけではなく、「思考が能動的（自主的、積極的）」であることを意味しています。ですから、フィールドワーク（実地調査）やプレゼンテーション（発表）のみならず、たとえ目に見える身体的な「動き」がなくても、つまり、座学であっても伝統的学習法であっても、学習者の「思考が能動的（自主的、積極的）」ならアクティブラーニングであると考えています。

また、「課題解決」の「課題」とは、学習のテーマとしての「問い」のことですが、もう１つは「学習過程で生起した諸問題」（例えば、ディスカッションがうまく運ばない、調査方法が非効率、プレゼンが凡庸等々）をも指します。むしろ後者の方がより重要でしょう。しかし、前者の「課題（学習テーマ）」のみを重視するアクティブラーニングでは、後者の「課題（学習過程で生起した諸問題）」の解なりアルゴリズム（解法）があらかじめ教育する側から「提供」され、学習者は、そのストーリー（指導案）に従って、前者の「課題（学習テーマ）」解決に取り組みます。これでは伝統的な「調べ学習」と大きな違いはなく、「汎用的

能力（キー・コンピテンシー等）」の獲得、「能動的（自主的、積極的）に活動する学習形態」の展開には結びつきにくいのではないでしょうか。そこで、これからのアクティブラーニングでは、「学習テーマ」とともに「学習過程で生起した諸問題」を、いかに学習者が「能動的（自主的、積極的）」に解決するか、また、その方法（スキル）を身につけるかが主眼となるでしょう。

2 ┊ なぜアクティブラーニングか

　最近になって、アクティブラーニングが日本の教育シーンに登場したことを唐突に感じる人もいるかもしれません。しかし、この動きは、近年の日本の教育改革および世界の教育動向に沿ったものといえるでしょう。この項では、なぜアクティブラーニングが必要なのかを中心に、前述「初等中等教育における教育課程の基準等の在り方について（諮問）」から「この動き」を読み解いていくことにしましょう。

　端的にいうと、同「諮問」では「新しい時代に必要となる資質・能力の育成」のための1つの学習法としてアクティブラーニングが必要であると述べています。ここで新たに2つの疑問が生まれます。それは、「新しい時代」とはどんな時代なのか、「必要となる資質・能力」とはいかなるものなのか、です。

「新しい時代」について同「諮問」では「生産年齢人口の減少、グローバル化の進展や絶え間ない技術革新等により、社会構造や雇用環境は大きく変化し、子供たちが就くことになる職業の在り方についても、現在とは様変わりすることになる」と捉えています。つまり「21世紀」は「変化」の時代であるということです。もちろん、いつの時代も変化はあります。しかし、21世紀は、質やスピードにおいて、これまでよりも、もっと激しく大きな「変化の時代」であろうということです。

第1節　世界の教育潮流　｜　61

このような「変化の時代」を乗り越えるために、生き抜くために、同「諮問」では「高い志や意欲を持つ自立した人間として、他者と協働しながら価値の創造に挑み、未来を切り開いていく力を身に付けることが求められます。」と指摘しています。ここで「自立」と「協働」というキーワードに着目しましょう。

　日本は、これまで主に「知識の蓄積」に重点を置いた教育をしてきました。それが21世紀に入り、ＯＥＣＤ（経済協力開発機構）のＰＩＳＡ（生徒の学習到達度調査）の影響もあり、知識「活用」型の学力（能力）が注目され、学習指導要領や全国学力テストで用いられるようになりました。文部科学省は、この「活用」型の学力について、「知識」「意欲」とともに学力の３つの要素の１つとして「知識・技能を活用し、自ら考え、判断し、表現する力」と説明しています。これはＯＥＣＤが策定した学力指標である「キー・コンピテンシー」の「道具を相互作用的に用いる」と対応しています（３章５節ｐ182囲み記事参照）。この「道具を相互作用的に用いる」能力こそが、これまでのＰＩＳＡで主に計測されてきた学力です。ただ「キー・コンピテンシー」は「道具を相互作用的に用いる」能力だけではありません。これを含めて３つの資質能力が示されています。それが「異質な集団で交流する」と「自律的に行動する」です（３章５節ｐ183囲み記事参照）。これと前述「諮問」のキーワード「自立」「協働」が合致していることが分かります（「自律」と「自立」の違いはあるがキー・コンピテンシー「自律的に行動する」の下位概念には「自立」の要素が含まれている）。さらに今後のＰＩＳＡでは「道具を相互作用的に用いる」だけではなく、「異質な集団で交流する」と「自律的に行動する」の資質能力についても試されることになります。

　まとめると、変化の激しい21世紀を生き抜くために必要な新しい「学力」である「道具を相互作用的に用いる（活用）」「異質な集団で交流する（協働）」「自律的に行動する（自立）」を育成する学習法がアクティ

ブラーニングなのです。では、具体的にアクティブラーニングとは、どのような学習法なのかを代表的な各国の事例により見ていくことにしましょう。

3 ┊ 欧米のアクティブラーニング

［米国の事例］

　ミネソタ州のミネソタ・ニュー・カントリー・スクールは、小中高一貫の公立校です。午前１時間の数学と午後１時間の読解（英語）を除いて、カリキュラムのほとんどがＰＢＬ（プロジェクト・ベース・ラーニング）に当てられています。ＰＢＬとは、学習者の関心、必要性に基づき、対話と省察を繰り返し、学習計画を立案、遂行することにより、ゴール（問題解決と能力の獲得）に到達する学習法です。アクティブラーニングの典型の１つといっていいでしょう。ニュー・カントリー・スクールのＰＢＬは、100時間かけて１つのプロジェクトを完成（レポートとプレゼンテーション）させ、教員、保護者、地域の専門家などによって評価されます。このプロジェクトは年間数回行われます。表面的には、子どもが「好き勝手」なことをしているように見えるかもしれません。しかし、プロジェクトの立案段階および進行中に、教員や同学（マルチエイジのクラスメート）との綿密なカンファレンス（企画会議）を行い、州の学習基準（日本の学習指導要領にあたる）を踏まえ、学習の意義、目的、計画、調査対象、調査方法などを明確化し、知識や技術が身につくように構築されています。つまり、伝統的なプロジェクト・メソッド（アメリカの教育学者であるデューイとキルパトリック考案の学習者中心のプロジェクト学習）に、学習者の必要性や社会の要請を踏まえた知識やスキルなどの学力保証を加えた学習システムであるということです。

第1節　世界の教育潮流　┊　63

ニュー・カントリー・スクールがこのような自由なカリキュラムを展開できるのは「チャータースクール制度」に由来します。米国では、一定の基準を満たせば、教員や市民、企業が自治体と契約を結び公立学校を運営することができます。チャータースクール制度によって運営されている公立学校は全米に約6000校あります。ニュー・カントリー・スクールは、この制度により、主権者として教員と保護者が学校を運営しています。その目的は、学校の民主化（教員による学校運営と生徒の自律した学習）とマイノリティおよび貧困層の学習機会の拡大（格差の是正）です。

［デンマークの事例］

　コペンハーゲン郊外にある小中一貫校ブロンビュー・ストランド・スコーレは、生徒の半数以上が外国にルーツを持つ子どもたちです。トルコや中東などイスラム圏の子どもが多く、ヒジャブ（頭部を隠すスカーフのようなもの）をまとった女の子もいます。中学生になると「対話型学習」による「プロジェクト・ワーク」が始まります。3年生では1週間丸々「プロジェクト・ワーク」に没頭する「プロジェクト・ウィーク」が実施されます。

　プロジェクト・ウィークでは、生徒は自己の興味関心により、教員が提示した複数のテーマの中から1つを選択し、同じテーマを選んだクラスメイトとチームを組みます。数人のメンバーでテーマについて話し合い、インターネットや図書館、学校外にも調査に行きます。翌週には調査報告と意見を述べるプレゼンテーションが行われます。筆者が取材に訪れたときの共通テーマは「デモクラシー」でした。各グループは「女性の権利」や「人種差別」を個別テーマに調査をしていました。高校生になれば自らテーマを設定する個人「プロジェクト・ワーク」も始まります。それは「人生の準備」なのだと教員は言います。

デンマークの「教育法」には「協同して学ぶ力を育てる」「クラスで
の話し合いや生徒会を通じて民主主義を学ぶ」と明記されています。ブ
ロンビュー・ストランド・スコーレ以外でも、小学校低学年から対話に
基づいた授業が行われ、デンマーク全土で、すべての学年、すべての教
科で毎時間対話のパートが設けられています。

4 ┊ アジアのアクティブラーニング

[中国の事例]

　上海市実験学校は小中高一貫公立校で、上海市の教育改革のモデル校
です。この学校は、「研究性学習」に力を入れています。「研究性学習」
とは、例えば「上海の環境問題」「グローバル化時代のコミュニケーショ
ン・スキル」について、書籍やネットで調査し、分析、考察したうえで
自己の意見をまとめるという、いわば中国版PBLといったところで
す。この「研究性学習」は、上海を中心に中国全土に広まりつつありま
す。

　上海は2009年、2012年と連続してPISAの3領域（数学的リテラ
シー、科学的リテラシー、読解力）において1位になりました。その原
動力は「素質教育」と呼ばれる欧米の学力観・教授法を導入する教育政
策でした。素質教育は、知識伝達偏重を改め積極的主体的学習態度を形
成する、総合性・選択性のある教育課程とする、学習者の生活および現
代社会と科学技術の発展を連携させる、学習者の興味と経験を重視す
る、受動的学習・暗記学習・機械的訓練の現状を改め学習者が主体的に
参加し探究を楽しむ体験的学習の提唱、問題を分析解決する能力および
交流・協力の能力の育成を目的としています。

　素質教育の核をなすカリキュラムが「総合実践活動」という教科横断

第1節　世界の教育潮流　65

的体験型学習です。「総合実践活動」は、小学校から高校まで必修とされ、総合的な知識の応用能力、問題解決力、コミュニケーション能力、コラボレーションマインドを育て、創造性と実践力を身につけさせるものです。この「総合実践活動」のプログラムの1つが「研究性学習」です。中国の学習指導要領にあたる「基礎教育課程改革綱要（試行）」では「研究性学習」とは、子どもの探究心と創造性を高め、社会的責任感を育てるために、主体的に科学的研究方法を学習し、知識の総合的活用能力を発達させ、学校と社会が密接な関係を構築することを促進する学習と記されています。

［シンガポールの事例］

シンガポールは、2012年のPISAでは、65カ国中、読解力が3位、数学的リテラシーが2位、科学的リテラシーが3位でした。これは、いずれも日本より上位です。シンガポールもまた欧米の学力観・教授法を導入する教育改革を断行しています。2004年、リー・シェンロン首相は、「少なく教え、多く学ぶ」を教育理念の根幹に据えることに決定しました。「少なく教え、多く学ぶ」は、教育内容の一部を削減し、学校教育、教育課程の中に「余裕＝ゆとり」を持たせることにより、子どもたちに「深く学ばせる」ことを目的にしています。

その中核が「プロジェクト・ワーク」と呼ばれる総合学習です。これは宗教や民族などの社会的テーマ、宇宙や生物などの科学的テーマなどの横断的テーマについて、個人やグループで調査し、問題解決を図りながら、創造性、コミュニケーション能力、コラボレーション（協働性）、探究心を養う活用的発展的学習を実現しようとするものです。

シンガポールのノースビスタ・プライマリースクールでは、小学生がタブレット型PCを片手に、流暢な英語でプレゼンテーションをするところを見ました。決してエリート校ではなく、一般的な公立小学校です。

日本では「ゆとり教育」批判により総合学習が後退している、まさに、その同じ時期に、中国やシンガポールでは着々と欧米の学力観・教授法を取り入れていたということになります。

[台湾の事例]

　台湾でも世紀の変わり目に大きな教育改革が実行されました。その中心が「国民中小学九年一貫課程」です。この「課程」は「健全な人格」「民主的な素質」「法治の観念」「人文修養、精神と思考能力」「判断力と創造能力」を育成することを教育目標に掲げています。さらに、その要綱では、「自己理解と潜在能力の発展」「楽しむ、表現と新しい創造」「生涯計画と生涯学習」「表現、相互コミュニケーション」「他者の尊重、社会への関心、集団での助け合い」「文化学習と国際理解」「計画、組織と実践」「科学技術と情報の運用」「主体的探索と研究」「独自（独立）思考と問題解決」を「十大基本能力」としています。また、カリキュラムも、それまで細かく分かれていた「教科」から、言語、健康と体育、数学、社会、芸術と人文、自然と生活科学技術、総合活動の「学習領域」に再編されました。これには、経験主義の伸張、授業時間の削減、学校裁量の拡大の改革も含まれています。

　台北の教育改革モデル校である台北市立大学附設実験国民小学では、ＩＣＴを駆使した対話型の授業を見学しました。教員はスマートボード（電子黒板）を用い、子どもたちはパソコンとクリッカー（テストやアンケートの回答を発信する小型装置）を使っています。各班の子どもたちは、リーダーを中心に話し合い、パソコン上で教科書を独自に再編集するという作業を行っていました。知識内容は、健康と体育、自然と生活科学技術を融合した「ウィルス」に関するものでしたが、スキルとしては、ＰＩＳＡの「読解力（理解し、利用し、熟考する能力）」であり、キー・コンピテンシーの「道具を相互作用的に用いる（活用）」「異質な

第1節　世界の教育潮流　67

集団で交流する（協働）」そのものです。

　台湾もまた、ここ十数年の間に、キー・コンピテンシーやアクティブラーニングなどの欧米の学力観・教授法を積極的に取り込んでいたのです。

5 ｜ これからのアクティブラーニングに必要なこと

　中国、シンガポール、台湾は、20世紀から21世紀の転換期に、欧米の学力観・教授法を受容する教育改革を実行しました。中国、シンガポール、台湾だけではありません。韓国や香港も同じです。いずれもＰＩＳＡの上位国です。また科挙の伝統を受け継ぐ中華文化圏であり、知識重視・競争原理に基づく「ペーパー・メリトクラシー（試験能力主義）」という共通点もあります。ただ中国、シンガポールと、韓国、台湾、香港の間には大きな隔たりがあります。それはキー・コンピテンシーの目的に関係します（3章5節ｐ187囲み記事参照）。中国とシンガポールは非民主主義国家です。政権批判はできません。台湾、韓国、香港は民主主義の国・地域です。選挙やデモで意思表明する自由があります。日本でも、安保法制反対運動や選挙権年齢引き下げにより「主権者教育」の在り方が大きな課題となっています。果たして、日本は「中国・シンガポール」型か「韓国・台湾・香港」型か、どちらでしょう。

　キー・コンピテンシーの目的は「人生の成功」と「適正に機能する社会」でした。ここに、日本において、今後、どうアクティブラーニングを展開していくかの鍵があります。つまり、なんのためにアクティブラーニングをするのかということです。先に「変化の激しい21世紀を生き抜くために必要な新しい『学力』である『道具を相互作用的に用いる（活用）』『異質な集団で交流する（協働）』『自律的に行動する（自立）』を育成するため」と書きました。その先にあるのが「人生の成功」と「適

68　　第2章　必修領域

正に機能する社会」、言い換えれば「自己実現」と「社会変革」です。「発展的人権の獲得」と「民主社会の実現・進展」といってもいいでしょう。この目的、理想を欠いたアクティブラーニングは、うわべだけの「形式」にすぎず、早晩「形骸化」するでしょう。事実、日本でも「失敗」しているアクティブラーニングは、この認識の欠如に原因の根本があります。

　ドイツの哲学者ハーバーマスは「システム」による「生活世界の植民地化」に対して、「私たちの"生活世界"は"コミュニケーション的行為"よって成立する世界である」と言っています。「システム」とは市場システムや官僚システム等、「コミュニケーション的行為」とは「真理性、規範の正当性、主観の誠実性」に基づく「自由な意思表明と自由な承認の行為」を指します。教育官僚システムにより、硬直化した学校教育をＰＢＬによって回復しようとする米国のニュー・カントリー・スクール、子どものころから「対話」に慣れ親しみ、デモクラシーを学び実践するデンマークの学校はその好例といえるでしょう。

　このような営みが「システム」による「生活世界の植民地化」から引き起こされる戦争、搾取、貧困、格差、排除、独裁、環境破壊などの諸問題を解決する１つの道筋としての教育、学習なのではないでしょうか。

【参考文献】
● 『キー・コンピテンシー』ドミニク・Ｓ・ライチェン、ローラ・Ｈ・サルガニク編著　立田 慶裕、今西 幸蔵ほか訳　明石書店（2006）
● 「チャータースクールの魔力と魅力」天野一哉（2003）（『世界』〈岩波書店〉１月号所収）
● 『中国はなぜ「学力世界一」になれたのか──格差社会の超エリート教育事情』天野一哉　中央公論新社（2013）
● 『コミュニケイション的行為の理論（上・中・下）』Ｊ・ハーバーマス　河上倫逸・藤澤賢一郎・丸山高司ほか訳　未来社（1985-1987）
● 中央教育審議会諮問「初等中等教育における教育課程の基準等の在り方について」（2014.11.20）

第**2**節 | 教員としての
子ども観、教育観等についての省察

子ども観、
教育観等についての
省察

新井郁男

星槎大学教授。東京工業大学助教授、上越教育大学、愛知学院大学、放送大学教授等を歴任し、現職。専門は教育社会学、生涯学習論、教育経営論等。

　教師として何よりも重要なのは、子どもをどう観るか、教育をどう観るかということです。そこでここでは、子ども観と教育観について考えてみましょう。

1 ｜ 子ども観

　教育の対象としての人間を教師がどう観るかということは、教育の結果に大きな影響を及ぼします。教師は以下に述べるようなことを十分に認識して教育に当たる必要があります。

（1）世代としての子ども
　子ども観について考えるとき、まず「子ども」を1つの世代として観るかどうかということがあります。年齢が低く体がまだ小さいという意

味での子どもは、時代や社会を超えて存在します。しかし、実は社会的な意味での子どもというのは、普遍的な存在ではないのです。

　フランスの歴史家アリエス（Philippe Aries、1914-84）は著書である『〈子供〉の誕生』の中で、子どもの着ている服が大人の着ているものと同じであったことなどから（もちろん、サイズの差はありますが）、中世には子どもは社会的には存在しなかったと述べています。現代でも、発展途上国においては多くの国で児童労働が問題とされており、アリエスの主張通り、年齢の低い者は"子ども"ではなく単に"小さな大人"と見なされているといってよいでしょう。

　では、先進国の場合にはどうでしょうか。先進国というと、一般的には経済の発展度の高い国を意味しますが、教育の普及率が高いというのも特徴です。学校で学んでいる期間が長い分、社会に出て働くのも遅くなっています。このことは、子どもと見なされる期間が長くなっているということを意味します。大人として、社会人としての責任を果たす時期、また、大人としての権利を行使できる時期が遅くなっているということです。

　特に日本の場合、父性原理に対して母性原理が優越しているといわれ、甘えが子どもの責任感の形成を難しくしている面もあるでしょう。これは家庭の課題でもありますが、教師としても、現代社会の、特にわが国の問題として意識して教育に当たらなくてはなりません。

　多くの学校では、児童・生徒を近隣の企業等で勤労体験をさせるという実践が行われていますが、以上のような課題は、貴重ではあっても短期間の限られた勤労体験だけでなく、授業を含めた学校における全ての教育活動の中で対応していくことが重要です。

(2) 一人一人の子ども

　また、教師にとっては、自らが教える学級の子どもや自分が勤務する

第2節　子ども観、教育観等についての省察　71

学校の子どもを、どう観るかということが重要です。自分が教える子どもは全て等しく児童であり生徒ですが、重要なのは、一人一人の子どもをどのように認識するかということです。

　社会学にラベリング理論という説があります。これは簡単にいうと、子どもは他者から「悪い子」「できない子」といったラベル（レッテル、刻印）を貼られると、その傾向がさらに強化されるというものです。また、心理学にはピグマリオン効果とか自己実現的予言という説があります。これはラベリング理論とは逆に、「できる子」というように教師が認識すると、授業などにおける教師のその子に対する対応が他の子に対する対応とは異なるものとなり、それがその子に伝わることで、その子は自分が「できる子」であるという自己認識を強め、いっそうできるようになるといった説です。こうした説から、教師はそれぞれの子の良い面、できる面などに注目して、それを高く評価し、「褒める」などの対応によって、その評価が正しく子どもに伝わるように心掛けることが重要だといえるでしょう。

　かつてわれわれが某大手企業の退職者1000人を対象に行った「定年後の人生と青少年時代の体験」についての調査から分かったことは、ごく略述すると、青少年時代に学校の授業、授業以外の活動、家庭という3つの場面において、褒められたり、認められたりした体験が多い者は、定年後の生活のさまざまな場面において積極的に活動し、他者の役に立っていると感じ、生きがい感が高くなるということです。いま学校では「生きる力」を育てるということが重視されていますが、褒められた体験、高い評価を受けた体験は「生きる力」の育成につながるといえます。

　ここで「褒める」ということについて、もう少し具体的に考えてみましょう。

　学校での評価の仕方には、「計算がよくできる」といった学力や能力

などの部分に対しての評価と、「全体として素晴らしい」というような評価、すなわち部分的評価と全体的評価とがあります。ここで強調したいことは、全体的評価は部分的評価の合計としてではなく、全体は全体として評価するということです。

　ある中学校でこんなことがあったそうです。周囲から問題視されていた生徒が運動会で他の生徒たちと一緒に頑張っている姿を見た校長が、その様子を撮影した写真に「男の顔」という題を付けて校内に掲示したところ、件（くだん）の生徒の行動が良くなっていったというのです。校長が付けた写真のタイトルの"顔"は部分としての顔ではなく、全体を象徴するもので、校長はその生徒の全体的評価を行ったわけです。部分全てが良くても全体がいいとは限らない。たとえ部分的に欠けているところがあっても、全体としては優れていると捉えるのが全体的評価なのです。

　学校で制度化されている指導要録は、児童・生徒の学籍ならびに学習の過程および結果の要約を記録し、その後の指導および外部に対する証明等に役立たせるために学校に備え付けておかなくてはならない法定表簿です。指導要録には観点別評価と総合的所見などを記入するようになっていますが、教師として重要なことは、表簿にどう記入するかだけでなく、それ以上に、日常の教育の中で、子どもに適切な評価を直接・間接に行うよう心掛けることです。

2 ┆ 教育観

　教師の教育観は、教育の方法や成果を左右するという意味で子ども観とも関連しており、極めて重要です。教育学においてはさまざまな教育観が提起されていますが、大きく伝達観と助成観に分けることができます。ここでは多様な教育の種類と、そこにおける教育観、伝達観と助成観の違いについて考えてみましょう。

(1) 教育のタイプ

　教育というと一般的には学校教育のことを考えるでしょうが、わが国では学校教育と並んで社会教育があり、それぞれに学校教育法と社会教育法が定められています。その他に家庭教育、企業内教育もあります。さらに教育については、formal education（フォーマル・エデュケーション）、non-formal education（ノンフォーマル・エデュケーション）、informal education（インフォーマル・エデュケーション）という分類があります。

　フォーマル・エデュケーションというのは、一定の時間、場所と教材を用いて、資格を持つ教師が、意図的、体系的に知識や技術・技能、態度などを修得させる教育で、学校教育を意味するのが一般的です。インフォーマル・エデュケーションは、家庭や地域などの多様な状況の下で、偶発的に知識、技術・技能、態度などが修得される教育を指し、ノンフォーマル・エデュケーションは、この2つの教育の中間に位置する教育活動のことをいいます。子どもから成人までさまざまな人を対象に、学校教育以外の場所や方法で、特定の領域の学習機会を提供する組織的な教育のことで、わが国の社会教育の多くはノンフォーマル・エデュケーションに相当するといってよいでしょう。

　最近ではこうした教育全体を総合する概念として、「生涯教育」「生涯学習」といった言葉が登場しています。ただ、生涯教育というと学校教育のようなトップダウン型の教育が生涯にわたって続くように捉えられることが多いため、言葉としては、より自発的な印象の強い生涯学習の方が一般化しています。しかし本来、生涯教育とは子どもも含めた国民一人一人が自主的に行う生涯学習を可能にする環境や条件の整備を行うことです。その意味では、学校教育は最も重要な生涯教育の実践の場であるともいえるでしょう。もし学校で学習嫌いになってしまえば、その後の人生において学習自体を避けるようになり、生涯学習そのものがな

されないからです。

　教師としての子ども観、教育観が重要だというのはこのような意味合いからです。では、次に教育観について考えてみましょう。

(2) 伝達観

　伝達観というのは、決められた教育内容を子どもに教え込む、言い換えるならば"注入する"のが教育であるという教育観です。このような教育観を端的に表現した言葉に「方法的社会化」があります。これはフランスの社会学者エミール・デュルケム（Emile Durkheim、1858-1917）が提起したものです。社会化というのは社会的に重視されている知識や価値などを個々人に内面化することをいいます。エミールの言葉を借りれば、教育とは社会人として未熟な世代である子どもに対し"方法的に"、言い換えるならば、フォーマル・エデュケーションを用いて社会的価値を伝達することだというわけです。

　このような教育観は、社会やその内部の集団における秩序維持を重視した捉え方であるといえます。

(3) 助成観

　助成観というのは、個々人の中に外から社会的価値を注入するという考え方である伝達観とは対照的に、個々人の中に秘められている能力を引き出そうという教育観です。英語のeducation（＝教育）という言葉は、元来語源的にもそのような意味を持っています。個々人の中に存在する個性や能力が発揮されるように手助けをするのが教育に当たる者の役割であるという教育観です。

(4) あるべき教育観

　助成観的教育観に関しては、遺伝か環境か（英語では「nature or

第2節　子ども観、教育観等についての省察　75

nurture」という言葉で表現されます）、ということが論じられます。人間形成には生得的能力があるのかどうか、あるとすればどの程度あるのか、それとも人間形成は環境次第なのかという論題です。これは脳科学にも関わる問題でありここでは深入りしませんが、教育においては社会的な価値観を一方的に子どもに教え込むだけでなく、一人一人の子どもの個性が生かされるよう積極的にサポートしていくことも必要なのはいうまでもありません。

　新しい学習指導要領の土台となった中央教育審議会の答申（2008.1）では、「教育については、『ゆとり』か『詰め込み』かといった二項対立で議論がなされやすい。しかし、変化の激しい時代を担う子どもたちには、このような二項対立を乗り越え、あえて基礎的・基本的な知識・技能の習得とこれらを活用する思考力・判断力・表現力等をいわば車の両輪として相互に関連させながら伸ばしていくことが求められている。」と述べられています。

　教師としては、2つの一見対立する教育観を、教育活動の中でどのように両立させていくかを、一人一人の子どもについての見方、すなわち個別的子ども観と関連させながら考えていくことが求められています。

【参考文献】
- ●『学習社会論』新井郁男　第一法規（1982）
- ●『学校教育と地域社会』　新井郁男　ぎょうせい（1984）
- ●『学校社会学』新井郁男　樹村房（1998）
- ●『教育経営論』新井郁男　日本放送協会（2003）
- ●『教育学基礎資料（第6版）』新井郁男・牧昌見編著　樹村房（2011）

第**3**節 | **教員としての
子ども観、教育観等についての省察**

教育的愛情、倫理観、遵法精神その他教員に対する社会的要請の強い事柄

水内 宏

星槎大学教授。千葉大学名誉教授。千葉大学・千葉大学大学院での教員養成担当を経て現職。専門は教育学、教育課程論、発達教育学等。

1 子供、子ども、こども
──あなたはどの表記を使いますか？

学校教師の直接の働きかけの対象は kodomo ですが、kodomo の表記にはいろいろありますね。江戸時代に活躍した井原西鶴の『日本永代蔵』（1688）には「四人の子共に四書（儒学の枢要の書）の素読をさせけるは殊勝なり」などとして「子共」の使用が見られます。教育学者の端くれのつもりの私は、多くの場合「子ども」を使います。「子供」を使う教育学者はまれです。大学の新しい学部・学科名として、「子ども学部」や「こども学科」など「子ども」または「こども」の表記も見かけるようになりました。でも、「子供」はあまり見かけないですね。「国民の祝日に関する法律」では5月5日を「こどもの日」としており、平仮名表記の「こども」を使用しています。

第3節　教育的愛情、倫理観、遵法精神その他教員に対する社会的要請の強い事柄　77

新聞などは「子供」を多用し、kodomoの表記に神経を使わない向き
も少なくないですが、実はkodomoをどう表記するかは論争の大きな
テーマです。某国立大学の大学院教育学ゼミでは"「子供」or「子ども」？"
で激論を交わしたと聞きました。新聞の「読者応答室」欄に「"子供"
という漢字は差別的表現？」という刺激的な見出しの記事が載ったこと
もあります（「東京新聞」2009. 3.29）。

　この記事を見る限りでは「子供」は差別語にも不快用語にも該当しな
いようです。問題は、kodomoという存在をどう見たらいいかという子
ども観と、その歴史的変遷の捉え方に関わってくるのではないかという
ことです。先の記事は、「子供」の「供」には「つき従って行く人。従者。」
という意味があり、「子が大人の付属物のように見える」場合があり得
るのではないかと指摘しています。裏を返せばそこには、子どもは大人
の付属物や従者ではない、子どもなりの権利（子どもの人権）を持った
存在として捉えたいとの志向が見て取れます。子どももまた人間的諸権
利の行使を通して人格形成の途上を生きる主体的存在なのだ、とする子
ども観といってもいいでしょう。

2 ┊ 子どもは1年早く生まれ過ぎた存在
──大人世代による愛と庇護なしには生きられない

　人間の子は、高等動物にしては早く生まれ過ぎた、もう1年母胎内に
いる必要があったのに早く外界に出てしまったのだ、といわれます
（オーストリアの博物学者A.ポルトマンの著書『人間はどこまで動物か
─新しい人間像のために─』（岩波書店、1961）で指摘される「1年早
産説」など）。「1年早産」は人間の子の致命的弱点でした。

　でも、人類はこの弱点を逆手に取って、子を素晴らしい生ける者に育
て上げてきました。滋養を与え、言葉掛けをはじめとした愛情を込めた
多彩な働き掛けと手厚い庇護によって、豊富な言葉を育み（4歳までに

約２万語を獲得）、感性を培い、豊かな感情表現を子ども内部に実現してきました。丈夫な体に育て上げることに意を尽くしてきました。私は、子どもの育ちに欠くことのできない教育的愛情の１つの有力な根拠を「生理的早産」という人間の子の特性に求めたいと思います。

この項の副題「愛と庇護……」の前に「大人世代による」を付したのにはそれなりの意味があります。「愛と庇護」の担い手はまずは親ないし保護者です。でも、子どもは親（保護者）と子＜２（時と場合によっては１）対１＞の関係の中だけで育つのではありません。大人という世代全体が子ども世代全体の育ちを支援するという関係の成立が重要なのではないでしょうか。教師は、子どもの育ちを支援する大人世代全体の中でも、「愛と庇護」の行使を専門的な職務として継続してゆく特別の任務を負う位置にあるといっていいでしょう。

愛にせよ庇護にせよ、年齢や発達段階、時と場合などに相応した立ち現れ方・示し方が必要です。小学１年生には１年生なりの、中学生には中学生なりの愛と庇護の提供・享受の仕方がありましょう。

3 ：「愛のムチ」は教育的愛情の行使といえるか？

近年、またもや教員による子どもへの体罰が問題になっています。過去にもたびたび議論されてきた事柄ですが、正解は明白です。教師は子どもに体罰を加えてはなりません。教育法規上も体罰を容認していません。ここは、断固とした遵法の精神を持って進むしかありません。学校教育法第11条はいいます。

> ・校長及び教員は、教育上必要があると認めるときは、文部科学大臣の定めるところにより、児童、生徒及び学生に懲戒を加えることができる。ただし、体罰を加えることはできない。

これは明白に体罰を否定した条項です。ただし、懲戒は否定していません。他者や自身に危害をもたらしかねない行為などを禁止し、禁止の理由や根拠を示しながら強く戒めることは当然です。でも、「体罰を加えることはできない」のです。懲戒も無条件に認めているのではありません。文部科学大臣の定める学校教育法施行規則や法務当局の各種通知などによって「懲戒」の名による体罰の広がりの抑制が図られています。

　蛇足になりますが、体罰禁止は、法令上は明治以来一貫しています。

・1879（明治12）年：凡学校ニ於テハ生徒ニ体罰（殴チ或ハ縛スルノ類）ヲ加フヘカラス（教育令第46条）

・1890（明治23）年：小学校長及教員ハ児童ニ体罰ヲ加フルコトヲ得ス（小学校令第63条）

　1890年に出された小学校令の条文が最も簡明ですね。戦時下の教育法令でも「但シ体罰ヲ加フルコトヲ得ズ」と明記されています（1941〈昭和16〉年国民学校令第20条）。

　このように法令上は体罰を一度も容認していない日本ですが、実際には「動物の調教と同じで、口で言っても分からない者には体で分からせることも必要だ」とか「げんこつ一発食らわすことで心が通じた」などと「愛のムチ」を是認する声も聞きます。でも、果たしてそうでしょうか。動物に対してもむちや脅しでの調教は過去の話だと関係者はいいます。励まし、達成できたら、褒めてご褒美をあげる、これが調教では当たり前。教育の方が遅れています。

4 ┊ 教育的愛情を教師としての力量アップへ

　教員志望の学生たちに対して、私は「殴らなくても心が通じるにはどうしたらいいか？　カッとなって出かかったげんこつを相手のオデコの前で辛うじて止めることができたら、そこからあなたの教育方法の工夫と前進が始まるのだよ」というようにしています。

　教育的愛情とは、甘やかしではありません。「教育における"厳しさ"とは何か？」を本気で考えましょう。私は説得と納得が基本だと思っています。教科内容のとりわけ重要な事項については、手を替え品を替え、とことん納得し分かりきるまで粘り強く学びを迫りましょう。

　教育的愛情が相手に伝わり受け止められるよう、教師には体罰のような稚拙なやり方とは異なる表現力の豊かさが必要です。時には言語的表現で、時には身振り手振りも加わった全身的表現で、意思や思いや喜び・悲しみなどを相手に分かってもらえるように、自己表現力向上への日頃の努力が重要なのではないでしょうか。

　教師には演技の能力も必要です。俳優さんや噺家さんから学ぶことが多々ありそうです。目の動きや表情、扇子と手拭い１本の補助以外は手・指の所作だけで聴衆を集中させる落語家、役を演じきって客を劇中の世界に引き込んでゆく俳優の演技――教師がそこから得るものは少なくないでしょう。教師に求められる力量の１つに演技力――それも子どもたちへの愛を根底に秘めた演技力――を挙げておきたいと思います。

5 ┊ 倫理観

　教師の資質として必須の子どもたちへの限りない愛情が、子どもの変化に応じて、子どもたちの成長・発達とともにその表れ方も変容してゆく必要性を述べてきました。その一方で、変わらずに保持し続けてほし

第3節　教育的愛情、倫理観、遵法精神その他教員に対する社会的要請の強い事柄　┊　81

い資質について強調しておきたいと思います。それは確固とした強い倫理観です。倫理観に裏付けられていないと、愛情も深化・成熟しなかったり、ゆがんだ方向に発露したり、あるいは摩滅しかねません。

　近年、教師による児童・生徒等に対するわいせつ行為に関わる報道や処分などを耳にすることがあります。人倫を踏み外してしまったごく少数の教師による稀有（けう）なケースでしょうが、それによって教師・学校に対する保護者や国民の信頼に疑念が生じかねないことは極めて遺憾としか言いようがありません。絶対にあってはならないことです。

　教師は、人権教育（＝「人権尊重の精神の涵養（かんよう）を目的とする教育活動」人権教育及び人権啓発の推進に関する法律第2条、2000）の担い手でもあります（併せて、人権教育の指導方法等に関する文部科学省調査研究会議「第二次とりまとめ」2006、参照）。倫理観が欠如していては人権の教育はできません。

　教師は、子どもたちの中に「人間尊重の精神と生命に対する畏敬（いけい）の念」を育むという任務を負っています（小学校学習指導要領第1章総則）。また、「児童が基本的な生活習慣、社会生活上のきまりを身に付け、善悪を判断し、人間としてしてはならないことをしないようにすることなどに配慮」するよう求められています（小学校新学習指導要領第1章総則）。他の職種以上に確たる倫理観が要求されるゆえんです。

　人権感覚とも関係しますが、とりわけ教師には、公平・公正さ、平等の感覚が強く求められましょう。個人的な好みを表に出して特定の子だけ近づけたり遠ざけたりしてはならないでしょう。どの子に対しても公平に接し、注意深い観察眼（眼力）と人間的交流を通して各人の中に伸びる芽、伸ばすべき長所を見いだせることが教職に不可欠の資質でありましょう。

　教師も生身の人間ですから、苦手なタイプの子、遠ざけてしまいがちな子がいるかもしれません。自分の殻を閉ざして心を開いてくれない子

に出会うこともあるでしょう。そのような子を無意識のうちに避けていないでしょうか。でも、そんな子どもこそ、教師を人間教師に鍛え上げてくれる良き師かもしれません。勇気を持って、そんな子どもの中に飛び込んでゆきましょう。

6 : 遵法精神

　人としての道を子どもと共に歩む教師には、人倫の観念とともに遵法の精神がしっかりと備わっていなければなりません。遵法とは、文字通り、法を遵守（順守）することです。法を遵守するというと堅苦しい響きがあるかもしれませんが、そうではないでしょう。法は、前述の倫理観と表裏一体の関係にあります。倫理観を具体的に目に見える法制として可視化し、倫理観を裏から下支えしているのが法だと考えたらどうでしょうか。

　法を遵守することは、秩序を維持・確立しながら行動することを可能にしてくれるはずです。無秩序の混乱の中で右往左往する無駄を避けることができます。法の意味を自分の頭で考え、熟慮しながら行為・行動を適切に選択する中にこそ真の自由があるかもしれません。このことは、子どもの遊びの中で実感できるかもしれません。子どもの遊びには、発達途上の体を存分に動かし回るという一面などとともに、しばしば、ルールの面白さ、ルールに沿って行動することの楽しさを味わうという一面が見受けられます。ごっこ遊びしかり、トランプ遊びしかりです。野球やフットベースなども、体を動かすことの爽快さとともに、ルールに従ってプレーすることの楽しさに支えられています。法に従い、法を守って行動することの深い意義を子どもに学ぼうではありませんか。

　さて、教師が遵守すべき法ですが、まず、教育を受ける権利を例外なくすべての国民に保障すべしとした日本国憲法第26条および憲法の基

本的精神を指し示した前文があります。さらには、教育の根本法規としての教育基本法（1947年施行、2006年改正）や学校教育法および同法施行規則などへの深い理解が必須です。特に、改正教育基本法で新たに盛り込まれた第2条「教育の目標」（第一～五項）やその他の新設各条項の深い吟味と理解が重要でしょう。教育の国際規範ともいうべき「子どもの権利条約」（Convention on the Rights of the Child 1994年日本国批准）について、「子どもの最善の利益」を常に考慮して行動することを求めた第3条や「子どもの意見表明権」に言及した第12条など各条項を教育現場に生かす努力が欠かせません。

　教師自身の職務に関わる教育法規の理解と遵守も必須です。教育職員免許法はいうまでもなく、「教育を通じて国民全体に奉仕する教育公務員の職務とその責任の特殊性」に言及した教育公務員特例法をはじめとした服務関連法規の熟読・体現は最重要課題です。

　教師の職務や教育の営み全体の重要性・特殊性に鑑みて教育法規の体系は膨大です。一般的な『六法全書』などとは別に『教育小六法』や『教育六法』などが刊行されています。1冊を座右に置いて熟読し、遵法精神の深化・高揚を図られることを期待します。

第**4**節 | 子どもの発達に関する脳科学、心理学等における最新の知見（特別支援教育に関するものを含む。）

子どもの発達に関する、脳科学、心理学等の最新知見に基づく内容

伊藤一美

星槎大学准教授。特別支援教育士スーパーバイザー（日本LD学会認定）。地域の教育委員会特別支援教育専門委員等を歴任し、現職。

1 子どもたちの発達のみちすじ

　私たちは、どのように発達し、子どもから大人へと成長するのでしょうか。

　古くは心理学者のピアジェが発達段階説を唱え、子どもの発達は遺伝的な要素というより、環境と関わりながら成長していくみちすじであることを指摘してから、さまざまな説が研究されてきました。最新の発達研究では、子どもたち一人一人の個人差に着目して研究されています。

　学校教育においては、年齢という指標の下、子どもたちは学年という枠組みで捉えられてきました。幼稚園に入園した子どもたち、小学校、中学校、高等学校に入学する子どもたちは、みんな同じ年齢集団ですが、一人一人の発達的な特徴はそれぞれ異なります。その違いが大きい子どもたちの中には、発達障害と呼ばれる子どもたちがいます。彼らは現在、

障害という枠組みの中で捉えられていますが、単に「○○ができない」子どもたちではないことも分かってきました。本項では、さまざまな特徴を示す発達障害の子どもたちを通して、子どもを中心に置いた教育の在り方について、述べていきたいと思います。

2 | 発達障害の子どもたちの特徴

　発達障害という概念は意外に新しいものです。アメリカの精神医学会においてこの言葉が初めて正式に使用されたのは、1980年のことです。わが国では、発達障害者支援法（2004）において「『発達障害』とは、自閉症、アスペルガー症候群その他の広汎性発達障害、学習障害、注意欠陥多動性障害その他これに類する脳機能の障害であってその症状が通常低年齢において発現するものとして政令で定めるもの」と定義されました。

　この中に知的障害は含まれていませんが、知的障害は、乳児期から幼児期にその特徴が現れること、中枢神経系の何らかの機能障害が推定されていることから、発達障害の1つのタイプであると捉えることができます。

　発達障害には、発達的な遅れを示すタイプもあれば、発達的な遅れは示していないにもかかわらず、その特性からさまざまな困難さを示すタイプがいることが知られています。ここでは、それぞれの発達障害の概念を整理して、特に幼児期の発達的な特徴をまとめます。

(1) 知的障害とは

　知的障害は、従来、精神薄弱あるいは精神遅滞と呼ばれてきましたが、現在は、知的障害と呼ばれています。最新のアメリカ精神医学会の診断基準を踏まえ、知的発達障害と呼ぶべきという指摘もあります。

法律では定義されていないのですが、文部科学省（2003）は、「知的障害とは、発達期に起こり、知的機能の発達に明らかな遅れがあり、適応行動の困難性を伴う状態をいう」と定義しています。知的障害には、知的機能や適応機能の程度によって、さまざまなタイプの人が含まれています。

　幼児期の知的障害の最も大きな特徴は、乳幼児期の早い時期から、全般的な発達の遅れという形で、さまざまな症状が明らかになることにあります。

　乳幼児期の最も大きな特徴は、初期の言語獲得に遅れが認められることです。個々の事例の知的な能力等によって、その症状の現れ方はさまざまですが、このような言語コミュニケーション機能の獲得の遅れは長く続くのではなく、多くの場合、幼児期後半にかけて、発達的に改善されていくことが知られています。

　しかし、発達の遅れが回復する、すなわち追い付くということではありません。幼児期後半になると言語は遅れて獲得され、コミュニケーションそのものに大きなつまずきが認められなくなります。ただ、幼児期後半の言語コミュニケーションの発達過程を丁寧に見ると、発話数が少ない、語彙が乏しい、会話のバリエーションが少ない、というような特徴を示すことが分かります。

　このように、知的障害とは単に知的機能と適応機能に発達的な遅れを示す障害ではありません。発達の初期には、言語コミュニケーションの遅れを中心に発達領域に遅れは示すものの、それらは年齢が上がるとともに改善が認められます。

(2)　自閉症スペクトラムとは

「自閉症とは、3歳位までに現れ、①他人との社会的関係の形成の困難さ、②言葉の発達の遅れ、③興味や関心が狭く特定のものにこだわるこ

とを特徴とする行動の障害である」と定義されています（文部科学省、2003）。幅広いタイプが含まれること、さまざまな領域に特徴を示すことから、広汎性発達障害とも呼ばれてきました。教育現場においては、最近になって、知的障害を伴わないタイプの子どももいることが認められるようになり、それらを含めた自閉症スペクトラムという概念が主流となっています。従って、自閉症スペクトラムには、知的な遅れを伴う自閉症と、高機能自閉症やアスペルガー障害と呼ばれる知的な遅れのないタイプの両方が含まれています。

　幼児期の大きな特徴は、先に挙げた定義にもあるように、対人関係のつまずき、言語獲得のつまずき、想像性のつまずきといった3つの症状として現れます。

　対人関係のつまずきは、乳児期の早い時期に現れることが知られています。乳児期前半にはおとなしく、対人的な弱さが気付かれることはありません。乳児期後半から幼児期に掛けては、人見知りをしない、視線が合わないというような特徴的な症状が現れ始めます。さらに幼児期後半になると、呼び掛けに応答しない等の対人的な関心の低さが顕著に現れます。

　言語のつまずきは、その獲得の遅れという形で幼児期に現れます。ただし、アスペルガー障害と呼ばれるタイプは、初期の言語獲得には遅れが認められないことが指摘されています。彼らは喃語を獲得した後に有意味語を獲得するという過程を経ずに、急に話し始めるというような特徴を示すことが多く、明確なつまずきが認められないため、その症状に気付くことはなかなか難しいのが現状です。

　想像性のつまずきについては、乳児期後半におもちゃを介して他者とのやりとりの遊びが成立しないことから現れ始めます。その後、幼児期には、特定のものにしか興味を示さない、同じものに執着を示す、同じ行動を繰り返すなどの執着的行動や常同行動という特徴的な症状が現れ

ます。

　しかし、これらの症状は長く続くわけではありません。個々の事例の特性や能力によってその現れ方は異なりますが、幼児期後半に、それぞれ発達的な改善が認められることが知られています。

　乳児期から幼児期にかけて認められた対人関係のつまずきは、愛着の対象が分化し、対象関係が成立することによって改善され、他者との関係に広がりが認められるようになります。しかし、その後も他者との関係はパターン的なものにとどまるという特徴が残ります。

　幼児期に獲得されていなかった言語は、幼児期後半以降、遅れて獲得されていきます。ただし、おうむ返しが多い、イントネーションが適切に使えていない、パターン化した会話が多い、などの特徴が見られるようになります。

　また想像性のつまずきは、幼児期後半に遅れて外界探索行動が現れることによって、興味の対象に広がりが認められるようになりますが、興味の偏りや儀式的な行動といった固執性と呼ばれる特徴が明らかになります。

　このように、自閉症スペクトラムは、自閉的と呼ばれるような、対人関係、言語コミュニケーション、想像性のつまずきといった症状を示す発達障害であるといえるでしょう。しかし、幼児期前半までは顕著に現れるこれらの特徴は、幼児期後半以降になると、少しずつ改善されることも分かっています。

(3) ＡＤＨＤ（注意欠陥多動性障害）とは

　「ＡＤＨＤ（注意欠陥多動性障害）とは、年齢あるいは発達に不釣り合いな注意力、及び／又は衝動性、多動性を特徴とする行動の障害で、社会的な活動や学業の機能に支障をきたすものである。また、７歳以前に現れ、その状態が継続する」と定義されています（文部科学省による）。

第4節　子どもの発達に関する、脳科学、心理学等の最新知見に基づく内容　89

ＡＤＨＤの代表的な症状には、不注意、多動性、衝動性があることが知られています。これらの特徴は、単にうっかりしていたり、落ち着きがなかったりというものではありません。私たちの認知機能を制御する注意機能がうまく働かないために不注意という症状が現れること、行動や感情がうまくコントロールしにくいことから多動性・衝動性が現れることが指摘されています。

　これらの３症状は他の発達障害にも認められることがあるため鑑別は困難で、幼児期に診断することは難しいということがＡＤＨＤの特徴として挙げられます。

　不注意という面では、視線が合わないということはないものの、視線の合う時間が短く、気がそれやすい傾向が強いという特徴が現れます。

　また多動性・衝動性という側面では、１歳までは多動性が目立つことはなく、むしろ要求行動が少ない傾向があります。歩き始めるようになると多動傾向が目立つようになり、落ち着きなく見える行動が増えることが特徴として現れます。ただし、この特徴は歩き始めの子どもには必ず認められることを忘れてはいけません。その傾向が３歳を過ぎても弱まらず、ますます多動傾向が目立ち始め、落ち着きがない行動が増えることがＡＤＨＤの特徴といえます。

　その他、運動面では不器用さやぎこちなさが認められる事例が多いこと、言語獲得の遅れが認められるものの、かなり早い時期に改善されるという特徴が挙げられます。また幼児期後半には、他者の意図を理解でき、コミュニケーションが成立しているにもかかわらず一方的に話す傾向が強い、話を聞くことが苦手、話題が二転三転することがある、聞き誤り・聞き逃しが目立つといったことが特徴として現れます。

　これらの特徴は、知的な能力によって現れ方が異なります。ＡＤＨＤは、常に注意集中ができず、多動性が目立ち、衝動的な言動・行動が目立つ発達障害ではありません。年齢が上がることによって、それらの特

徴が大きく変化すること、すなわち改善されることも知られています。

(4) LD（学習障害）とは

「LD（学習障害）とは、基本的には全般的な知的発達に遅れはないが、聞く、話す、読む、書く、計算する又は推論する能力のうち特定のものの習得と使用に著しい困難を示す様々な状態を指すものである。LDは、その原因として、中枢神経系に何らかの機能障害があると推定されるが、視覚障害、聴覚障害、知的障害、情緒障害などの障害や、環境的な要因が直接の原因となるものではない」と定義されています（文部省〈当時〉、1999）。

狭義のLDは、読むこと、書くこと、計算することに特異なつまずきを示す発達障害の1つのタイプであると指摘されています。

LDの発達的な特徴は、ADHD同様、幼児期には診断が難しいことにあります。その理由として、幼児期は、読み・書き・計算の基礎となる概念を獲得する時期であるものの、著しい遅れが認められるものではないことが挙げられています。

読むことと書くことのつまずきに関わる幼児期の言語発達の特徴としては、言語獲得に遅れが認められるものの、その後、かなり早い時期に改善することや、初期の言語獲得には遅れは認められないものの、その後の言語の広がりにつまずきを示すことが挙げられます。

さらに、幼児期後半には、表出言語と理解言語の差が大きいこと、言い誤りが長く続く傾向があること、理解しているにもかかわらず名詞が覚えられないために、"あれ""これ"という表現が見られること、知っている言葉をなかなか思い出せない、文字への関心の低さや文字の機能に気付いていないといったことが特徴といえます。

計算することのつまずきに関わる数量概念の発達的な特徴としては、数えられるが数え誤りが多いこと、順序の数は理解できるが量の数の理

解が遅れること、多少判断はできるのに大きさの比較がうまくできないことなどが挙げられます。

　ＬＤは、学習上のつまずきが主な症状と捉えられることが多いですが、幼児期のさまざまなつまずきと読み・書き・計算の習得に特異なつまずきを示す発達障害です。従って、彼らは読むことができない、書くことができない、計算することができない状態が長く続く特徴を示すわけではありません。

　以上のことから、発達障害は、さまざまなタイプが含まれているということ、単に発達的な遅れを示す障害ではないということがいえます。

　すなわち、知的障害は、全般的な発達の遅れを主要な症状としながら、その後、発達的な改善が認められ、発達の偏りが認められる発達障害であること、自閉症スペクトラムは、さまざまなタイプが含まれる広い概念ですが、コミュニケーションを中心とした発達に偏りが認められること、ＡＤＨＤは認知機能のコントロールの問題から来る発達の偏りが認められること、ＬＤは読むこと、書くこと、計算することの背景にある認知の偏りが主要な症状であり、基本的には発達的な遅れはないものの、その偏りが大きいことなどが分かります。

　これらのことから、発達障害の子どもたちを支援するためには、その障害名や知的能力ではなく、一人一人の発達特性・認知特性を把握することが重要であることが分かります。

3 ┊ 特別支援教育とは

　特別支援教育は、子どもたちを中心に置いた、新しい教育の形です。インクルーシブ教育の理念の基づくものであり、子どもたちの年齢や学力に応じた教育ではなく、一人一人の子どもの特性に応じた教育の在り方を追究することを目指します。上述した発達障害の子どもたちは、成

長する過程でのさまざまなつまずきが強調されがちですが、先に挙げた発達的な特徴から分かるように、発達的な偏りという特徴は持ち続けるものの、その多くは成長とともに改善されていきます。そうした特性を踏まえた、適切な支援が求められます。

また、特別支援教育は、本来このようなつまずきを示す子どもたちだけではなく、理解が早い子どもたちも含めた全ての子どもたちが対象であるべきなのです。子どもたち一人一人のニーズを正確に捉え、そのニーズに対応した教育の在り方を追究するのが特別支援教育なのです。そのためには、子どもたちの発達的な特徴を正しく理解することが求められます。

どんな子どもたちも、それぞれ示す特徴は異なります。これからの教育においては、それぞれの子どもの発達過程を踏まえ、子ども一人一人のニーズに対応した教育を心掛けることが求められていくのではないでしょうか。

【引用文献】

● 発達障害者支援法　（2005）

● 文部科学省『今後の特別支援教育の在り方について（報告)』（2003）

● 文部省（当時)『学習障害児に対する指導について（報告)』（1999）

第**5**節 | 子どもの発達に関する脳科学、心理学等における最新の知見（特別支援教育に関するものを含む。）

特別支援教育に関する新たな課題（LD、ADHD等）

西永 堅

星槎大学准教授。星槎大学助手・専任講師を経て現職。専門はインクルーシブ教育、特別支援教育等。

1 インクルーシブ教育に向けて

　2007年度より、特別支援教育が本格的に実施されました。従来の盲学校、聾学校、養護学校（知的障害、肢体不自由、病弱）や通常学校内に設置されていた特殊学級にて、障害種別と程度に分かれて教育を行っていた「特殊教育」から、障害のある児童生徒一人一人の教育的ニーズに応じて適切な教育的支援を行う「特別支援教育」へと転換が行われたのです。それに伴い盲聾養護学校は、それぞれ障害種別にこだわらない総合的、センター的機能を有する特別支援学校となり、通常学校内に設置されていた特殊学級は特別支援学級となりました。

　また、2006年度より通級指導教室の対象として、学習障害、注意欠陥／多動性障害、自閉症が新たに加わり、週に1時間から8時間までとされていたものが、月1時間から週8時間まで柔軟に利用できるようにな

第5節　特別支援教育に関する新たな課題（LD、ADHD等）　95

りました。

　このように、現在の特別支援教育では対象とする障害やニーズが広がっています。対象となる児童・生徒の割合も、通級指導教室が制度化された後の1995年度で、義務教育の段階の盲聾養護学校在学者は全児童・生徒の0.38％、特殊学級在学者は0.51％、通級による指導を受けている者は0.13％、合計1.02％の児童・生徒であったのに対して、2011年度では、義務教育の段階での特別支援学校在学者は、全児童・生徒の0.6％、特別支援学級在学者は1.5％、通級による指導を受けている者は0.6％であり、合計2.7％の児童・生徒となっています。

　数字だけに注目すると、特別支援教育の対象児童・生徒が激増しているようにも解釈できますが、インクルーシブ教育のモデルとなるイギリスの場合は約20％の児童・生徒が特別なニーズ教育の対象となっており、アメリカの場合でも約10％の児童・生徒が対象となっているといわれています。従って、日本においても今後対象となる児童・生徒の数がさらに増えていくことは十分予想されます。

　さて、これからの特別支援教育の在り方として、2012年7月に中央教育審議会特別支援教育の在り方に関する特別委員会によって「共生社会の形成に向けたインクルーシブ教育システム構築のための特別支援教育の推進（報告）」が出されました。

　1．共生社会の形成に向けて
　2．就学相談・就学先決定の在り方について
　3．障害のある子どもが十分に教育を受けられるための合理的配慮
　　　及びその基礎となる環境整備
　4．多様な学びの場の整備と学校間連携等の推進
　5．特別支援教育を充実させるための教職員の専門性向上等

という5つの章で構成されている報告です。キーワードとして、国際連合・「障害者の権利に関する条約」の批准に向けて、共生社会を目指したインクルーシブ教育の推進があげられます。障害者の権利に関する条約第24条では、『インクルーシブ教育システム』（inclusive education system、署名時仮訳：包容する教育制度）とは、人間の多様性の尊重等の強化、障害者が精神的及び身体的な能力等を可能な最大限度まで発達させ、自由な社会に効果的に参加することを可能とするとの目的の下、障害のある者と障害のない者が共に学ぶ仕組みであり、障害のある者が『general education system』（署名時仮訳：教育制度一般）から排除されないこと、自己の生活する地域において初等中等教育の機会が与えられること、個人に必要な『合理的配慮』（reasonable accommodation）が提供されること等が必要とされています。

その後、わが国では、2013年6月26日に障害を理由とする差別の解消の推進に関する法律が公布され（2016年4月施行予定）、障害者とは「身体障害、知的障害、精神障害（発達障害を含む。）その他の心身の機能の障害（以下『障害』と総称する。）がある者であって、障害及び社会的障壁により継続的に日常生活又は社会生活に相当な制限を受ける状態にあるものをいう。」と定義され、合理的な配慮を行わないことは差別に当たるとされました。ただし、この合理的な配慮とは何かを具体的に検討することが課題として残されました。

2 ┊ インクルーシブ教育とは

このように、インクルーシブ教育は、障害者の権利に関する条約など国際連合等世界的な流れではありますが、日本ではまだまだ統合教育（インテグレーション）と混同されがちなところもあります。1979年に日本は養護学校の義務化を行い、通常教育と特殊教育を分ける、いわゆ

る分離教育が行われました。この義務化により、障害が重度であっても教育を受ける権利が認められたので、インクルーシブ教育の第一歩と考えられるのですが、一方で、障害が理由で別の学校に行かなければならないというデメリットもありました。

　その中で、いくら障害が重度であっても、同じ学校、同じ学級で学ぶことを目指す統合教育運動が起こりました。しかし、適切な支援がされずにただ同じ場で学ぶだけでは、子どもたちへの教育が保証されないという批判もあり、インクルージョン・インクルーシブ教育という言葉が使われるようになりました。つまり、分離教育でもなく、統合教育でもない、第三の道がインクルーシブ教育であるといえましょう。また、インクルーシブ教育は、障害のあるなしに関係ない特別なニーズ教育であるといえます。

　では、インクルーシブ教育の推進に一役買っている、1994年スペインとユネスコ（国際連合教育科学文化機関）の共催によるサラマンカ会議における、サラマンカ声明を確認してみたいと思います。サラマンカ声明の正式名称は「特別なニーズ教育における原則、政策、実践に関するサラマンカ声明ならびに行動の枠組み」であり、「インクルージョン（inclusion）の原則」、「万人のための教育（Education for All）」がキーワードとなっています。

「われわれは以下を信じ、かつ宣言する。すべての子どもは誰であれ、教育を受ける基本的権利をもち、また、受容できる学習レベルに到達し、かつ維持する機会が与えられなければならず、すべての子どもは、ユニークな特性、関心、能力および学習のニーズをもっており、教育システムはきわめて多様なこうした特性やニーズを考慮にいれて計画・立案され、教育計画が実施されなければならず、特別な教育的ニーズをもつ子どもたちは、彼らのニーズに合致できる児童中心の教育学の枠内で調

整する、通常の学校にアクセスしなければならず、このインクルーシブ志向をもつ通常の学校こそ、差別的態度と戦い、すべての人を喜んで受け入れる地域社会をつくり上げ、インクルーシブ社会を築き上げ、万人のための教育を達成する最も効果的な手段であり、さらにそれらは、大多数の子どもたちに効果的な教育を提供し、全教育システムの効率を高め、ついには費用対効果の高いものとする。」

　ここでのポイントは、学習のニーズを持っている者は、障害のある子どもだけではなく全ての子どもたちであり、教育システムは多様なニーズに応じたものでなければならず、特別なニーズがある子どもたちも、児童中心の教育学で調整される通常の学校にアクセスしなければならないとあります。通常の学級とも書かれていませんし、通常の学校に常に通学しなければならないとも書かれてもいません。

　全ての子どもが教育を受ける基本的権利を持っていて、受容できる学習レベルに到達し維持されなければならないわけですから、適切な支援が受けられずに、ただ地域の同じ学級で学んでいることも肯定されているわけではありません。つまり、子ども一人一人のニーズに合わせた教育が必要であり、そのためには、地域の学校で多様な学びの場が保証されていくことが重要であり、特別支援学校や、特別支援学級、通級指導教室や、今後検討されていくであろう特別支援教室などの役割は実に大きいということです。

　簡単なところでは、大学をイメージしてみると分かりやすいと思います。大学では同じ場で、おのおののニーズに合わせて、法学部や経済学部、理学部、医学部などで学ぶことができます。また、学ぶ学生の年齢もさまざまです。

　実際、小学生の身長を見ても、２年生でも３年生より背が高い子がいますし、１年生より低い子もいます。そもそも人間の発達には個人差が

あるのですから、認知発達に個人差があるのは当たり前です。

　つまり、インクルーシブ教育とは障害のあるなしではなく、おのおのの教育的なニーズに合わせた教育を行うことを目指していると考えられます。世界では、まだまだ性別によって教育を受ける権利がない場合や、経済的理由によって教育を受ける権利がない場合もあります。インクルーシブ教育は「Education for All」がキーワードとなっているように、さまざまなニーズに応じた教育であるといえます。

3 ： 発達障害というニーズ

　近年は,、ＬＤやＡＤＨＤ、自閉症スペクトラムなど、通常学級に在籍している児童・生徒の中にも、さまざまな認知発達の特徴がある子どもたちの存在が指摘されるようになりました。また、アメリカ精神医学会の診断と統計マニュアルの最新版であるＤＳＭ－５（2013年５月）では、広汎性発達障害という名称が、自閉症スペクトラムとなりました。社会性の発達の遅れ、言語発達の遅れ、常同行動の「３つ組障害」が特徴であるといわれていた広汎性発達障害（自閉症など）でしたが、前者２つが一緒になり、社会的言語コミュニケーションの発達の遅れと、常同行動の２つが特徴の中心となりました。また、アスペルガー症候群や高機能自閉症といったサブタイプがなくなりました。世界保健機構（ＷＨＯ）の国際疾病分類（ＩＣＤ－11）でもそのような動きになるといわれています。

　また、わが国では発達障害と知的障害を分けて考える場合がありますが、アメリカでは発達障害（Developmental Disabilities）は、知的障害（Intellectual Disabilities）の上位概念と考えられています（ＡＡＩＤＤ　アメリカ知的・発達障害協会ＨＰ：https://aaidd.org/intellectual-disability/definition/faqs-on-intellectual-disability）。

学習障害（ＬＤ：Learning Disabilities）の定義

学習障害とは、基本的には全般的な知的発達に遅れはないが、聞く、話す、読む、書く、計算する又は推論する能力のうち特定のものの習得と使用に著しい困難を示す様々な状態を指すものである。学習障害は、その原因として、中枢神経系に何らかの機能障害があると推定されるが、視覚障害、聴覚障害、知的障害、情緒障害などの障害や、環境的な要因が直接の原因となるものではない。

注意欠陥／多動性障害（ＡＤＨＤ：Attention-Deficit/Hyperactivity Disorder）の定義

ＡＤＨＤとは、年齢あるいは発達に不釣り合いな注意力、及び／又は衝動性、多動性を特徴とする行動の障害で、社会的な活動や学業の機能に支障をきたすものである。また、７歳以前に現れ、その状態が継続し、中枢神経系に何らかの要因による機能不全があると推定される。

出典：文部科学省ＨＰ『主な発達障害の定義について』

4 障害という名称

WHOが2001年に発表した「ＩＣＦ：国際生活機能分類」という疾病や障害のモデルが一般化されています（図1）。

そのモデルの旧モデルとしてＩＣＩＤＨ（国際障害分類）モデル（図2）というものがありました（ＷＨＯ、1980）。日本語では障害という1つの言葉ですが、図2のような3つの側面で見ています。例えば、足を切断したら機能障害ですが、歩けないという能力障害でもあり、そう

図1 ICFモデル

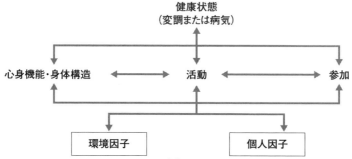

出典：WHO、2001 http://www.who.int/classifications/icf/en/

図2 ICIDHモデル

なると就職に不利になるという社会的不利を被ることになります。そこで、知的障害（Intellectual Disabilities）や学習障害（Learning Disabilities）、発達障害（Developmental Disabilities）を考えてみると、impairmentではないのに、日本語では障害と訳されてしまったため、視覚障害や聴覚障害などの身体障害と同じようなイメージを持たれがちです。視覚障害や聴覚障害の場合は、発達が遅れていてその障害があるわけではありません。発達障害の場合は、標準発達に追いつくかといえば難しい面もありますが、本人自身は必ず発達しているという観点が重要になると思います。

ICIDH2と呼ばれていたICFモデル（図1）では、ImpairmentからDisability、Handicapと一方向だったモデル（図2）が双方向になりました。また、個人因子と環境因子が関連するモデルとなりました。

そして、重要なポイントとして、Impairment、Disability、Handicap とネガティブな言葉を使うことによって、ＩＣＩＤＨは障害がある人たちのモデルだったのですが、ＩＣＦでは心身機能・身体構造、活動、参加とポジティブな言葉を使うことによって、障害のあるなしに関係なく、骨折をしたり妊娠したりするなど、普段は健康な人においても適用できるようなモデルとなりました。つまり、考え方はユニバーサルデザインと同じです。インクルージョンもユニバーサルデザインも考え方は同じで、障害のあるなしにかかわらず、一人一人の教育的ニーズに応えることによって、誰一人差別されることのない教育を目指しているといえます。

　また、日本でも disorder を障害と訳さず、「〜症」と訳し、障害に限定せずに広い概念を持たせようとする意見も出されています（例えば、日本児童青年精神医学会）。その案は、下記に示したものなどです。

Attention Deficit/Hyperactivity Disorder 注意欠如・多動症
Specific Learning Disorder 特異的学習症
Intellectual Developmental Disorders 知的発達症群

　名称が変わっても、社会や文化が変わらなければ、ニーズのある人たちの生活は改善しないかもしれません。しかし、それらの名称が社会や文化を形成していたとも考えられます。現在ではインクルージョンは理想かもしれませんし、職場で障害がある人たちと一緒に働く場合、偏見もあるかもしれません。しかし、1985年の男女雇用機会均等法成立前は、女性が働くことへの偏見は強かったと思います。現在でも、それらが解消されたとは言い難いですが、職場の同僚に女性がいることはなんらおかしなことではなくなったと思います。それと同様に、あと30〜40年で、障害がない人と障害のある人たちが同僚になることは珍しいことで

はなくなるかもしれません。そのような社会や文化をつくっていくこと
が大事なことなのです。

第**6**節 ┃ 子どもの生活の変化を踏まえた課題

多様化に応じた学級づくりと学級担任の役割

白鳥絢也

常葉大学教育学部初等教育課程准教授。専門
は教育学、多文化共生教育。

1 ┊ 現代の子どもの姿

　情報社会の到来や受験競争の過熱、社会体験の不足など、子どもたち
は豊かな人間性を育むべき時期において多くの課題を抱えています。子
どもたちが家の外で近所の友達と日が暮れるまで遊ぶといった情景は、
すでに昔の物語の一こまにさえなってしまったのです。例えば、多くの
子どもたちは学校の後塾に通っています。家庭ではテレビやDVD、
ゲームに興じることが多く、自然や地域社会との関わりなどが希薄と
なっています。ベネッセ教育研究開発センターの調査（「第2回子ども
生活実態基本調査報告書」ベネッセ教育研究開発センター、2010）によ
れば、テレビ・ビデオ（DVD）の視聴時間が長いほど、家での学習を
しない傾向が高まることも明らかとなっています。
　子どもの家庭学習の時間については、様々な調査が実施されていま

第6節　多様化に応じた学級づくりと学級担任の役割　105

表1 学習塾や予備校について（学校段階別）

(%)

		小学生 (822名)	中学生 (1,799名)	高校生 (1,227名)
学習塾（予備校）は、 週に何日行って いますか	1日	21.3	12.4	29.2
	2日	41.4	46.9	39.1
	3日	19.0	27.5	16.2
	4～7日（毎日）	13.2	12.8	15.1
	無回答・不明	5.2	0.4	0.4
学習塾（予備校）では、 1回に何時間くらい 勉強していますか	1時間未満＋1時間くらい	26.4	4.3	6.9
	1時間30分くらい＋2時間くらい	35.9	48.3	55.4
	2時間30分くらい以上	34.5	46.7	37.6
	無回答・不明	3.2	0.6	0.2
学習塾（予備校）は、 どのような塾ですか	受験するための進学塾	37.3	48.6	56.3
	学校の勉強がわかるようになるための補習塾	47.8	42.8	38.1
	その他	10.7	4.2	3.2
	無回答・不明	4.1	4.4	2.4

注1)通塾している者のみ対象。
注2)「2時間30分くらい以上」は「2時間30分くらい」＋「3時間くらい」＋「3時間30分くらい」＋「4時間くらい」＋「4時間以上」。

出典：「第2回子ども生活実態基本調査報告書」ベネッセ教育研究開発センター(2010)

す。「国際数学・理科教育動向調査」（ＩＥＡ〈国際教育到達度評価学会〉、2007）によると、中学2年生が家で宿題をする時間は、日本は1.0時間で48ヵ国／地域中下位グループに属します（国際平均値は1.6時間）。また、家で学習をしない子どもは学校段階が上がるにつれて増えており、「青少年の意識調査（国際比較）」（総務省）では、平日の家庭学習の時間が1時間以内と答えた高校生は、日本では70％であるのに対して中国では13.6％という数値を得ています。近年の子どもの家庭での学習時間は、世界的に見ても少ないことが明らかです。

　また、テレビゲームは小学生の生活時間の中でも一定の割合を占めており、男子の9割弱、女子の6割強が普段からテレビゲームをしているという数字が得られています。さらに、学習塾や予備校に通う子どもも多く、おおむね週に1～2日程度、1回の授業時間は2時間程度が多くなっています（表1参照）。

その他にも、現代の子どもたちにとって携帯電話やスマートフォン、パソコン、タブレット型携帯端末（iPad 等）といった情報機器は身近なものとなっており、子どもたちの生活時間の一部を占めています。内閣府「平成24年度青少年のインターネット利用環境実態調査」（2012年発表）（http://www8.cao.go.jp/youth/youth-harm/chousa/h24/net-jittai/pdf-index.html）によると、自分専用の携帯電話（ＰＨＳ・スマートフォンを含む）を所有している小学生は24.1％、中学生は46.2％、高校生は97.6％となっています。また、携帯電話やスマートフォンによるインターネット（メール、サイト閲覧等）の利用時間（平日の１日平均）については、小学生は23.3分、中学生は76.4分、高校生は120.9分となっており、学校種別が上がるに従って平均時間は増え、特に中学生・高校生は１日のうちの多くの時間をこうした情報機器に費やしていることが分かります（表2参照）。

　これらのデータから、学校が終わると塾へ通い、家にいる間はテレビやＤＶＤ、ゲームやインターネット、メールに時間の大半を割くという現代的生活スタイルに浸り、地域の人々の思いや自然、文化、歴史の良さには目が向くことのほとんどない、現代の子どもの姿が見えてきます。このことは、これからを生きていく子どもたちのより良い人間性の育成にも大きく影響を与えるはずです。

　本来、子どもは明るく元気で活動的で、やる気があり、未来に向けての夢や可能性に満ちあふれた有能な人間です。学校の中で子どもたちを見ていると、楽しんで活動している様子が分かります。寒い時期にも、子どもたちは休み時間には元気に運動場へと走って行き、ドッジボールや縄跳びで楽しむ姿、鉄棒の練習に励む姿などが見られます。文部科学省の「学校教育に関する意識調査」（2003年度）では、小学校90.5％、中学校77.7％の子どもは「満足」「まあ満足」と答えています。どの子

表2 インターネットの平均的な利用時間（性・学校種別）

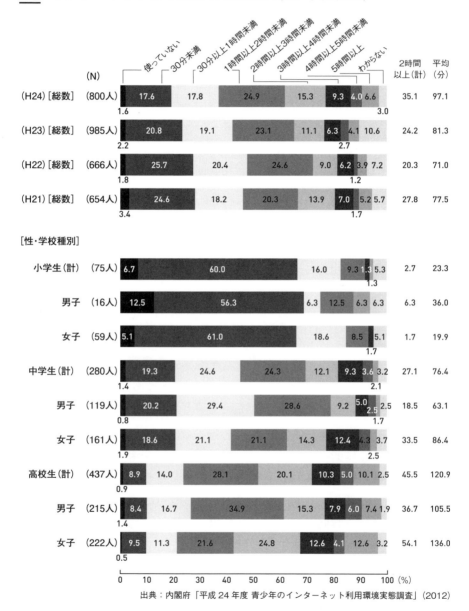

出典：内閣府「平成24年度 青少年のインターネット利用環境実態調査」(2012)

どもも自分の良さや素晴らしさ、有能さを発揮し、自分本来の姿に喜び
を感じ、自信を抱いて生きてほしいものです。教師は、子ども本来の姿
をよみがえらせ、自ら学び自ら考える力や知恵、人との協調性や思いや
りの心などを培うよう、教育に取り組んでいかなければなりません。

2 ┊ 学級運営を考える際の基本的視点

「学級」とは、学習集団・生活集団としての基礎単位であり、原則とし
て同一学年の児童生徒によって編成されます。「学級運営」とは、その
学校および学年の教育目標を具現化する1つの形です。学級運営は、一
般に「学校経営の基本方針をもとに、学級を単位として展開される子ど
もたちの学習活動や集団活動が有効に成立するよう、人的・物的・運営
的諸条件を総合的に整備し運営すること」(『キーワードで学ぶ　特別活
動　生徒指導・教育相談』有村久春、金子書房、2003)と考えられてい
ます。

　4月当初、子どもたちは「○年○組」と一つの学級の集団に位置付け
られます。これをスタートとして、子どもたちは多様な学習活動や係活
動などを体験しながら、学級集団への所属感や連帯感を深めていきま
す。子どもたち一人一人が自分のクラスへの所属を意識し、行動できる
学級の雰囲気づくりが、学級担任としての務めとなるわけです。子ども
がクラスの中での自分の役割を認識でき、仲間と協力し合い行動できる
雰囲気であれば、安心して学級での生活、学校での生活を楽しむことが
できるのです。学級運営で最も大切なことは学級の集団づくり＝学級づ
くりであり、さらに指導の一貫性をどう図っていくかについても考える
必要があります。

　学級担任は、まず自分の受け持ったクラスをどのような集団に育てた
いか、明確な考え・目標を持たなければなりません。その上で、こうし

表3 学級経営の4つの基本要件

事項	具体的な内容
基本的要件 (基盤経営)	学年目標・学級目標の設定、子どもの実態把握、学年経営案・学級経営案の作成、係活動など学年・学級の諸活動の組織、学年・学級経営の評価の改善など
領域的要件 (授業経営)	(教育課程の編成・実施に関すること) 学年・学級における各教科・道徳・特別活動・総合的な学習の時間の適切かつ効果的な指導と運営、具体的には指導計画づくり、教材研究、授業展開づくりなど
機能的要件 (集団経営)	(子どもとかかわる生徒指導に関すること) 子どもの実態把握、集団内における個への援助・指導、子どもと教師の人間関係づくり、学級集団づくり、日常の生活の指導など
経営的要件 (環境経営)	教師の教育観の具現化、学級会コーナー・学年掲示板など教室の環境経営、学年・学級の事務運営、学校・学年・学級相互の連携、保護者・地域との連携・協力など

出典:『キーワードで学ぶ　特別活動　生徒指導・教育相談』有村久春　金子書房(2003)

た学級経営に関する考えを子どもたちに上手に伝える必要があります。それで初めて、子どもたちからの信頼を得ることができるのです。学級は、担任と子どもたちとの信頼関係の下に成立しています。

さて、学級担任の指導の下編成される学級内の組織としては、①係活動（手紙配布係や花係など）、②当番活動（日直や掃除当番など）、③学級会運営活動（学級委員、計画委員会）、④生活グループ活動（1班、2班など）が考えられます。ここでは、子どもたちの自主的・協調的な役割分担が展開されます。また、学級経営の内容は、各学級や学年の実態、子どもの発達段階、学級担任の経営観、学校の方針などによってさまざまです。表3は、学級経営の基本要件として押さえておくべき内容を示したものです。

また、学級担任は教室環境の整備についても配慮をしなければなりません。教室の換気や温度調節に気を配ることから、電灯、時計、テレビ、

ビデオ、パソコン等の物的条件を整備することが求められます。教室内の掲示や展示物の飾り付けにも工夫を凝らし、学校目標や学級目標を掲示することも大切です。もちろん、学習指導の発展につながるよう考慮しながら、子どもたちの図工作品（絵や立体物）や歴史年表、日本地図・世界地図等を掲示することも必要です。教室環境の整備は、学級における学習活動にいっそうの効果をもたらすものなのです。

そして、子どもたちの学級や学校での生活の充実を図るには、家庭や地域社会との連携が欠かせません。家庭や地域社会への働き掛けは、本来学校全体として取り組むべき課題ですが、学級には①保護者会、②三者面談、③家庭訪問があり、保護者と直接話をする機会が多いのはあくまで学級担任です。これらの面談等を通して、その子どもの生活状況や心情を広く深く理解し、その子ども・保護者を含めた教育相談の実施や、学校・学級での教育活動へ生かしていくことが、学級担任の重要な仕事となります。

次に、学級経営は「学年経営」との深い関わりが必要となることを押さえておきたいと思います。学級の運営においては学級づくりが重要であると先に触れましたが、それは「自分の学級さえよければ他の学級には口を出さない」という意味ではありません。ある担任が１つの効果的な教育活動を考えた場合、それを必ず学年会（同学年部の教員による会合）に諮ることが必要であり、何の相談もなしに実践することは控えるべきです。これからの学校は、授業も学級経営も、同校の他の教師や家庭・地域社会の人々に公開することが原則となります。公開によって家庭・地域社会から理解と協力を得ることができ、また教師間の連携が生まれるからです。

同一学年の子どもたちの指導を同学年部の教師が連携して実践する場面としては、算数や英語などの習熟度の差が生じやすい教科、音楽・図工・家庭・体育などの専門教科、総合的な学習の時間などがあります。

第6節　多様化に応じた学級づくりと学級担任の役割

教科の特性に応じて、子どもたちを母学級や学級担任の指導から外し、TT（ティーム・ティーチング）や習熟度別などによる小集団を構成して学習活動を行うことで、個々の能力や個性に応じた対応ができます。

　繰り返しますが、同学年部の教師は、各学級担任同士が連携し合い、子どもたちの情報交換や研修、教育相談等に当たることが重要です。普段の授業ではほとんど発言しない子が、学級担任ではない教師の担当する授業（体育等）では活躍していることがあります。このように、学級担任が普段は見落としている子どもたちの個性が、他の教師の授業で現れていることは意外と多いのです。これらの情報を正確に交換し、子どもを深く理解するとともに「A君、跳び箱、すごく頑張ったんだってね」と褒めてあげることが、子どもにとっては大きな自信となります。「（担任の）先生は、他の先生の授業のことも聞いてくれているんだ」と、子どもたちの教師を見る目にも良い影響を与えることになります。

　学習指導ばかりでなく、遠足や学芸会、合唱コンクール、自然教室、修学旅行など、学年合同の教育活動は多岐にわたります。学級担任同士が連携し、子どもたちの指導に当たる体制が原則であることにあらためて留意してください。

　最後に、「学校運営」についても簡単に触れておきましょう。学校運営とは、学校の設置者および教職員が、学校に通う子どもたちの父母や地域住民などの協力を得て学校教育の目標を実現する活動のことです。それぞれの学校において教育目標を計画的・組織的に実現するために、学校にはさまざまな校務が存在します。具体的には、①教育活動に関する業務、②研修に関する業務、③学校事務などがあり、教師がこれらの校務を分担して処理することとなります。

　校務分掌は、学校教育の目標を実現するために、教職員の共通理解の下に学校としての活動計画を立て、実践していくための仕組みです。ここで重要なのは、教師間の協力体制をつくり、うまく機能させることで

す。例えば、いじめの問題であれば、学校の教職員全員が共通問題として当たり、その子どもに対して学級担任ばかりでなく、同学年部の教師や生徒指導を担当する教師が中心となって協力し合わなければなりません。それぞれの分掌がバラバラにあるのではなく、総合的に関わるというシステムの下で、各学級の個性を生かしつつ、学年全体として、また学校全体として調和の取れた活動が行われることが原則です。

　繰り返しになりますが、学校教育の目標を実現させ、子どもたちの学校生活の充実を図るためには、家庭や地域社会との連携が欠かせないことをあらためて胸に刻んでください。家庭や地域社会が教育の場として十分に機能しなければ、子どもは基本的な生活習慣を身に付けられないまま大人になっていきます。子どもの「生きる力」は、家庭や地域社会において、親子の触れ合いや友達との遊び、地域の人々との交流などさまざまな活動を通じて根付いていくものです。今後の学校教育の中で、学校・家庭・地域社会の3者が連携した教育活動を実践していくこと、また、学校が家庭・地域社会へ働き掛けることがいっそう求められているのです。

【参考文献】
- ●『キーワードで学ぶ　特別活動　生徒指導・教育相談』有村久春　金子書房（2003）
- ●『教師論──共生社会へ向けての教師像──』川野辺敏・白鳥絢也　福村出版（2013）
- ●『新任教師への手紙』川野辺敏・小林晃一　ぎょうせい（1989）
- ●『再び新任教師への手紙』川野辺敏・小林晃一　ぎょうせい（1991）
- ●『学校教師の役割』北村浩一郎　めいけい出版（2005）

第**7**節 | 子どもの生活の変化を踏まえた課題

社会的・経済的環境の変化に応じたキャリア教育

三田地真実

星槎大学大学院教授。言語聴覚士。専門は、応用行動分析学、コミュニケーション障害学、ファシリテーション。

1 ┊ いまなぜ「キャリア教育」なのか

　2011年に「今後の学校におけるキャリア教育・職業教育の在り方について」（答申）が文部科学省の中央教育審議会から提出されました。これによれば、「キャリア教育」とは、「一人一人の社会的・職業的自立に向け、必要な基盤となる能力や態度を育てることを通して、キャリア発達を促す教育」と定義されます。

　本節では大きく2つの視点、「なぜ、いまの時代にキャリア教育がわざわざ必要とされているのか」という社会や時代背景の視点と、「特別支援教育とキャリア」という障害のある子どもへのキャリア教育という視点から、キャリア教育のそもそもの在り方を捉え直し、いまの時代に求められているキャリア教育とは何かについて考察していきます。

（1）青写真が描けないいまどきの若者の進む道の多様性
──高校生100人村の行方

　教師なら誰もが、児童生徒に対し立派な社会人になってほしいと願うことでしょう。「立派な社会人」とは、「社会的・職業的に自立し、社会の中で自分の役割を果たしながら、自分らしい生き方を実現すること」（文部科学省ＨＰより）と言い換えられます。社会的・職業的に自立するとは、自分で生計を立て、家族をつくり、そして生きがいを持って仕事を進めていくこと、とイメージできるでしょう。

　一度企業に入りさえすれば、年功序列、終身雇用で待遇が守られたバブル崩壊以前の時代、この「自分で生計を立てる」という最低限の生活を保障する基盤への不安や揺らぎは、いまほどは大きくなかったかもしれません。しかし、いまの若者を取り巻く社会の実態はどうでしょうか。ここに１つ興味深いデータがあります。次ページの図１は、法政大学キャリアデザイン学部の児美川孝一郎教授が作成した「高校入学者を100人とすると……」（2013）です。これは、「世界が100人の村だったら」（K.Leipold）の日本キャリア教育版です。なお、この図を基に分かりやすく解説したビデオクリップが以下のところで視聴できます（「高校生が100にんいるむら」http://www.youtube.com/watch?v=AhG06EMdiLU）。

　これは、現在の高校入学者の総数を「100人」とした場合、その100人が高校卒業時、高等教育入学時、高等教育卒業時、さらに就職して以後、どのような人生の岐路を経たかを統計データから推定して算出したものです。左上の「高校入学100人」から２つ矢印が出ており、右は「卒業94人」とあり、左は太い丸で「６人」とだけ表されています。この「太い丸」は「卒業していない」ということを表わします。以降、この太い丸は、他の選択肢のいずれにも該当しなかったことを意味します。

　例えば、高校卒業後にも右に太い丸で「４人」とありますが、これは、卒業したが大学にも専門学校等にも入学せず、また就職もしなかった人

図1 高校入学者を100人とすると……（推計）

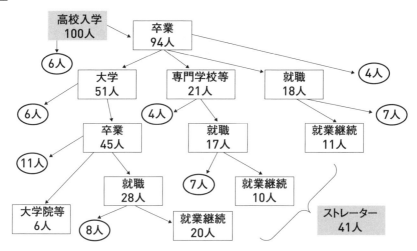

出典：文部科学省「学校基本調査」（2012年）、厚生労働省「新規学校卒業者の就職離職状況調査」（2012年）を基に作成（『キャリア教育のウソ』児美川孝一郎、筑摩書房、2013）

数を指します。このようにして、この図を見ていきますと、最終的に就職に至るまでに、大学⇒就職、専門学校等⇒就職、高校卒業⇒就職と、大きく3つのルートを経ていることが分かります。

「就職継続」は、就職して3年後に同じ職場で働いていることを意味します。この就職継続を見ると、高校入学時の100人のうち、3年同じ職場で働いている人は41人、全体の約4割ということになります。

　これがいまの社会の現実です。「高校か大学、あるいは専門学校を卒業した後、就職すれば、後は安泰（かつての『標準コース』といえましょう）という時代はもう過去のものになった」現在の世の中を、若者たちは生き抜いていかなければなりません。キャリア教育の必要性は、このような社会や時代の変化によっても生まれてきたと言えます。

(2) 青写真のない社会を生き抜いていく
──基礎力を育てること＝キャリア教育の１つの目的

　前出の児美川教授は、いま（2013年時点）の時代を、かつての「標準コース」が崩れてはしまったが、まだ新しい「標準」が生まれていないという意味で、「転換期」であると位置付けています。人生の青写真のひな型がない中では、かつて以上に「個人には自らの人生を責任を持って引き受け、自己のキャリアにかかわる判断や選択・決定をしていくチカラが求められている」（『キャリア教育のウソ』児美川孝一郎、筑摩書房、2013）のです。しかしよりどころとするべき標準型がないからといって、生き方を過度に個人の「自己責任」に負わせる考え方にも児美川教授は警鐘を鳴らしています。現代の社会が転換期にあるということを若者たちに伝えることからキャリア教育は始まります。

　従来のキャリア教育では、児童生徒に自分の生涯のキャリア、あるいは人生のプラニングをさせるという活動が取り入れられています。この点についても、以下のような本質的な問い掛けがなされています。

①そもそも、将来のキャリアなんて計画できるのか。
②"その後の変更もありうる"前提で計画を立ててみるとしても、プラニングのための基礎となる学習は、十分になされているのか。

(出典：『キャリア教育のウソ』児美川孝一郎、筑摩書房、2013)

　筆者は、ある公立中学校の総合的な学習の時間で、中学１年生が将来設計を考えるという授業を見学したことがあります。子どもたちは、現在から退職後65歳くらいまでの年表型のワークシートに自分の将来プランを記入するように言われていました。

　このシートを見たとき、わずか13歳の子どもたちが65歳までをイメージして人生のプランを立てられるのだろうか、という素朴な疑問が浮か

びました。中学生のときの最大の関心事は目前に迫った「高校受験」ではないかと思います。もちろんなりたい職業がある場合、その職業に就くために具体的に何をいまからするべきなのか、中学時代に考えることは大事なことかもしれません。しかし、退職間近までをプランするにはまだ時期尚早のように思います。それよりも、まず人生プランニングのための基礎的な学習を進めていくことが、転換期である今の時代に即したキャリア教育にするために必要なことではないでしょうか。

2 ┊「キャリア教育」の本当に意味するところ

(1) 特別支援教育におけるキャリア教育から学ぶこと

　ここまで通常学級に在籍する児童生徒を中心としたキャリア教育について概観してきました。実は、キャリア教育は、障害のある子どもを対象とした特別支援教育の中でも推進されています（『特別支援教育充実

表1 キャリア教育と移行と職業教育をめぐる概念の整理

キャリア教育 （広義のキャリア教育）	・就学〜一生涯まで ・子ども、学生、余暇人、市民、労働者、家庭人などの役割 　（Super,1980）の視点からの地域生活／社会参加 ・アカデミックスキル
移行教育 （狭義のキャリア教育）	・卒業前から卒後 ・進路指導（卒後の就労先などの狭義の意味） ・自己決定 ・（就労生活に関わる）地域生活／社会参加
職業教育 （最も狭義のキャリア教育）	・職業準備教育 ・特定の職種に関わる技能や知識の習得

出典：『特別支援教育充実のためのキャリア教育ガイドブック〜キャリア教育の視点による教育課程及び授業の改善、個別の教育支援計画に基づく支援の充実のために』(独)国立特別支援教育総合研究所　ジアース教育新社（2011）

のためのキャリア教育ガイドブック〜キャリア教育の視点による教育課程及び授業の改善、個別の教育支援計画に基づく支援の充実のために』〈独〉国立特別支援教育総合研究所、ジアース教育新社、2011)。この中では「キャリア教育」の指し示す意味内容を表1のように整理しています。いわゆる「職業」に直結するような狭義のキャリア教育ではなく、

図2 ライフ・キャリアの虹

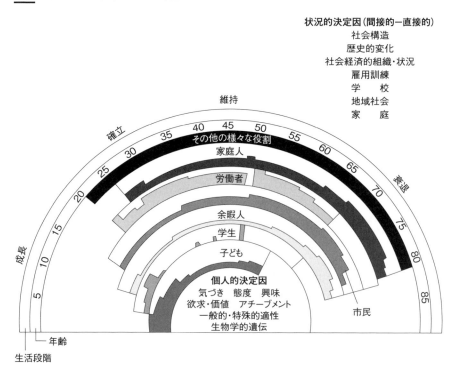

出典：文部科学省「中学校・高等学校進路指導資料第1分冊」(1992)

児童生徒の生涯にわたっての発達に関わるという視点でのキャリア教育の枠組みが示されています。

　表1の中で引用されている、スーパー（Super）は「ライフ・キャリアの虹」を作成し（図2）、この図はキャリア教育の基本の図としてあちらこちらで引用されています。この図は一人の人生がさまざまな役割（図の中では、家庭人、労働者、市民、余暇人、学生、子どもなど）を担いながら、そして人生のさまざまな年齢段階によってこの役割の比重が変化しながら織り成されていく様子がよく分かります。

(2) キーワードは「役割」
──キャリア教育の視点で教育課程を見直す

　障害の程度が重い児童生徒の場合には、「賃金を得る」という意味での職業に従事することが難しいこともあり得ます。もしキャリア教育が先の表1の狭義の意味しかなかったとしたら、そのような児童・生徒にはキャリア教育は必要ないということになりかねません。現在、特別支援教育におけるキャリア教育では、次の2つを大きな柱としています。

> ### 特別支援教育におけるキャリア教育
> 1．児童・生徒のキャリア発達を支援する教育
> 2．教育に携わる者の「教育」を見直す視点

　この2つは、障害のあるなしに関わらず、教師にとって大事な視点を提供しています。まず、「キャリア発達」とは以下のような意味を指しています。

　社会との相互関係を保ちつつ自分らしい生き方を展望し、実現していく過程がキャリア発達です。社会との相互関係を保つとは、言い換えれば社会における自己の立場に応じた役割を果たすということです。人は

生涯の中で、様々な役割を全て同じように果たすのではなく、その時々の自分にとっての重要性や意味に応じて果たしていこうとします。

（『これまでの経緯を踏まえたキャリア教育の在り方について』（文部科学省、2000年）

　ここでのキーワードも、図２のライフ・キャリアの虹の作者であるスーパーも強調していた「役割」です。「個人の果たす役割」、この視点で社会との関係を捉えることがキャリア教育において重要です。

　第２の「教育を見直す視点」というのは、具体的には教育課程を見直す視点となります。これはさらに、「マクロな視点」と「ミクロな視点」の２つに整理されています。「マクロな視点」とは、「児童生徒一人ひとりのキャリア発達を支援する教育を行う視点から、教育内容・方法の『意味付けや価値付け』『重み付け』、そして『関連付け』を明確にし、学校内及び家庭・関係機関との相互関係における共通理解の質を一層高めること」です。一方、「ミクロな視点」とは、「１つの授業において学んだことを、次の授業や他の授業にどのように反映、発展させていくかを検討する視点」（『特別支援教育充実のためのキャリア教育ガイドブック～キャリア教育の視点による教育課程及び授業の改善、個別の教育支援計画に基づく支援の充実のために』〈独〉国立特別支援教育総合研究所、ジアース教育新社、2011）です。教育課程をキャリア教育の視点から見直すということは、「縦軸（時間軸)」の視点を加味して教育課程を捉え直すとも言い換えられます。

　このような縦軸の視点は、障害のある子どもに対する教育だけに必要なものではなく、どの子どもにとっても大事な視点です。またその際のキーワードは、各自の「役割」であるということを特別支援教育におけるキャリア教育は示唆しています。

(3) キャリア教育の４つの能力領域

　キャリア発達を支援する視点でのキャリア教育について、特別支援教育のみならず小学校、中学校、高等学校を対象とした手引書でも、もちろん触れられています。このいずれにも共通しているのが、表２に示した「４つの能力領域」です。

　学校種、学年を問わず、この同じ能力領域で教育課程をマクロな視点、ミクロな視点で見直すことで、児童生徒の将来を見越した長期的な視野から日々の教育実践を進めることができます。
　なお、経済産業省の「社会人基礎力育成の手引き」（2010）では、社会人に求められる基礎力として、①前に踏み出す力（アクション）、②考え抜く力（シンキング）、③チームで働く力（チームワーク）の３つ

表2　4能力領域の内容

能力領域	解　説
①人間関係形成能力	他者の個性を尊重し、自己の個性を発揮しながら様々な人々とコミュニケーションを図り、協力・共同してものごとに取り組むこと
②情報活用能力	学ぶこと・働くことの意義や役割及びその多様性を理解し、幅広く情報を活用して、自己の進路や生き方の選択に活かすこと
③将来設計能力	夢や希望を持って将来の生き方や生活を考え、社会の現実を踏まえながら、前向きに自己の将来を設計すること
④意思決定能力	自らの意志と責任でよりよい選択、決定を行うとともに、その過程での議題や葛藤に積極的に取り組み克服すること

出典：『特別支援教育充実のためのキャリア教育ガイドブック～キャリア教育の視点による教育課程及び授業の改善、個別の教育支援計画に基づく支援の充実のために』(独)国立特別支援教育総合研究所　ジアース教育新社(2011)

を挙げています。社会人基礎力は、主に高等教育レベルで使われていますが、これと先の4つの能力領域は重なるところが多いように見受けられます。両者に共通するのは、自分で情報を収集・活用し、考えること（インプット）、次に将来を見据えて行動すること（アウトプット）、最後にさまざまな場面で他者との協働作業で実践すること、の3点です。

3　やりたいこと探しの危うさ
──「やりたいこと」から「自分の軸」探しへ

このように見てきますと、現在「キャリア教育」としてごく一般的に行われている児童生徒に「自分のやりたいこと」「夢は何か」といった活動、いわゆる「やりたいこと探し」イコールキャリア教育活動ではないということが分かりいただけるでしょう。図3は、かつて筆者が自分の人生の方向性に悩んでいたアメリカ留学時代に考えた、仕事がうま

図3　仕事がうまくいくためのバランス

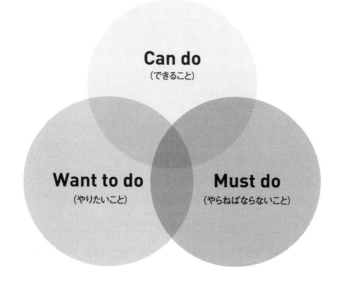

くいくための３つの鼎（かなえ）を図示したものです。この図から分かるように、実際に仕事をするという場面であっても、「やりたいこと（Want to do）」だけで日々の業務を行うことはできません。また、いくらやりたいと思っても、それができる能力（Can do）がなければ実行できません。「やりたいこと」と「できること」のバランスというのは、それなりに理解されやすい２つかもしれませんが「Must do」、つまり「やらねばならないこと」の意味が分かりにくいかもしれません。これこそが、前項でキャリア教育のキーワードとして抽出した「役割＝自分が果たすべき使命」なのではないかと、後に気付きました。

このような自分の果たす役割とは、「やりたいこと」や「夢探し」という「Ｉ（自分)」が主語で表現されるものでなく、「いま、自分がその場にいることそのものの意味、そこで自分が果たさなければならない役割」として、捉え直すことができるでしょう。

4 教師も人生のキーワードを探そう
──ライフヒストリー曼荼羅で探す「自分の軸」

ここまでは児童生徒を対象とした「キャリア教育」について述べてきました。本節のもともとのテーマもそこにあります。しかし、本節の最後では、キャリア教育を実施する教師も自分の人生の軸を探すという活動をあらためて行ってみることを推奨します。「『共生』は目の前の人を真に理解するところから～ライフヒストリー曼荼羅図を描く・聴くことの意味～」（三田地真実〈『共生科学研究序説』星槎大学共生科学研究会編、なでしこ出版、2012〉所収）では、ライフヒストリー曼荼羅図（まんだら）（図４）というツールを使って、公立学校の教員を対象に自分の人生を思い出し曼荼羅図シートに書き込む。その際に真ん中の丸に自分の人生のキーワードが見つかりそうであれば、記入する。その後少人数になって、お互いのライフヒストリー（人生の物語）を聴き合うという実践を報告

図4 ライフヒストリー曼荼羅図記入例

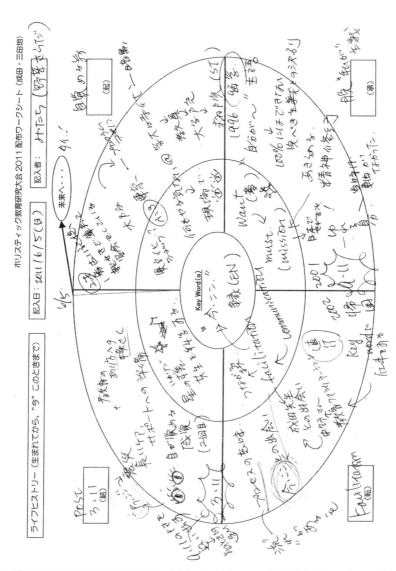

出典:「『共生』は目の前の人を真に理解するところから〜ライフヒストリー曼荼羅図を描く・聴くことの意味〜」(三田地真実〈『共生科学研究序説』星槎大学共生科学研究会編、なでしこ出版、2012〉所収)

しました。このキーワードが各自の「軸」となるもので、おそらく自分を取り巻く社会的状況がさまざまに変わっても「変わらない何か」とは何かを見いだそうというものです。

　教師自身が自分の人生のキーワード探しの活動に真摯に取り組むことで、児童生徒に対しても表面的なやりたいこと探しではなく、人生を見据えた「軸とは何か」を考えながら、日々の教育課程を実現できる「真のキャリア教育」の実践者となれるのではないかと考えています。

第7節　社会的・経済的環境の変化に応じたキャリア教育　127

【参考文献】
- 『キャリア教育のウソ』児美川孝一郎　筑摩書房（2013）
- 『「親活」の非ススメ "親というキャリアの危うさ"』児美川孝一郎　徳間書店（2013）
- 「ライフヒストリー曼荼羅ワークショップによる他者理解促進の試み—大学生と教員の結果の比較から—（研究ノート）」三田地真実（2014）（『共生科学』〈日本共生科学会〉No. 5　53-66頁所収）
- 「『ライフヒストリー曼荼羅ワークショップ』の理論基盤構築に向けて—本ワークショップにおける『ライフヒストリー』の意味とツールとしての『曼荼羅図』（研究ノート）」三田地真実（2014）（『共生科学研究』〈星槎大学出版会〉No. 9　162-174頁所収）
- 『特別支援教育充実のためのキャリア教育ガイドブック〜キャリア教育の視点による教育課程及び授業の改善、個別の教育支援計画に基づく支援の充実のために』独立行政法人国立特別支援教育総合研究所　ジアース教育新社（2011）
- 『社会人基礎力育成の手引き—日本の将来を託す若者を育てるために—』経済産業省編　朝日新聞出版（2010）
  参考までに社会人基礎力の概念図を以下に示す。

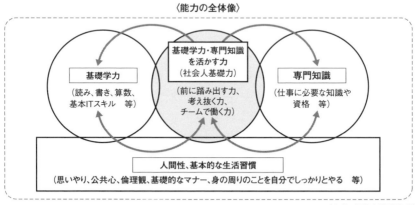

（出典：経済産業省作成）

- 「キャリアデザイン支援ハンドブック」日本キャリアデザイン学会監修　ナカニシヤ出版（2014）

第**8**節 ┃ 子どもの生活の変化を踏まえた課題

発達障害の児童生徒への支援

岩澤一美

星槎大学専任講師。日本共生科学会理事。学
校法人国際学園　星槎国際高等学校教務部
長、星槎中学校教頭を経て現職。専門は、発
達障害の児童生徒の指導。

1 ┃ はじめに

　2012年に文部科学省が実施した「通常の学級に在籍する発達障害の可
能性のある特別な教育的支援を必要とする児童生徒に関する調査」によ
ると、通常学級に在籍し、「知的発達に遅れはないものの学習面又は行
動面で著しい困難を示す」とされた発達障害の可能性がある児童生徒の
割合は6.5％と推定されます。この割合からするとクラスの中に1〜2
人の発達障害の児童生徒が含まれていることになり、そうした子どもた
ちへの指導や支援はインクルーシブ教育の構築が進む現在では、喫緊の
課題といっても過言ではないでしょう。本節では発達障害の児童生徒の
支援の在り方やその具体的な方法について述べていきたいと思います。

2 ┊ 発達障害の児童生徒への支援の在り方

　発達障害と一口にいっても、その症状によって、ＬＤ（学習障害）、ＡＤＨＤ（注意欠陥多動性障害）、自閉症スペクトラム障害などさまざまな診断名があります。しかしながら、発達障害は、例えば癌^{がん}のように発症した部位によって診断名が区別され治療法もそれぞれ違う病気とは異なり、診断名ではっきりと区別することができないものなのです。そのため、診断名によってその子どもへの支援の方法を決定するのはあまり有効な手立てではなく、心理教育アセスメントによって一人一人の子どもを「浮き彫り」にすることが重要となってきます。

　心理教育アセスメントとは、心理や教育的観点から子どもの情報を集め、子どもに適した教育や支援の方法を導き出すために行うものですが、１人の教員（担任）が行うもののように勘違いされがちです。しかしながら実際にはその子どもに関わる保護者や教員を含めた周囲の「おとな」たちが連携をして情報を出し合って、子どもを立体的に捉えられるように練り上げていくものなのです。この心理教育アセスメントを練り上げていく際に必要となる情報にはさまざまなものがあり、その子どもの特性を把握するうえで専門家の手助けが必要となる知能検査のようなものもありますが、それはほんの一部分にすぎません。

　大切なのは行動観察や面談などで得られる、子どもが何に困っているかという情報であり、学校生活や日常生活の子どもを見る正確な「目」です。このことは発達障害の子どもたちに限ったことではなく、すべての子どもたちの個性や特徴を正確に捉えるうえで必要なものであるともいえるでしょう。

3 ：WISC-Ⅳの指標の
プロフィールパターンによる特性把握

　子どもの特性を客観的に把握することを目的として用いられるのが知能検査です。さまざまな知能検査がありますが、ここでは世界的に広く用いられているウェクスラー式知能検査のうち適用年齢が5～16歳11カ月のWISC-Ⅳを取り上げてみたいと思います。

　WISC-Ⅳは全体的な知能指数値の測定のほかに、指標といわれる「言語理解」「知覚推理」「ワーキングメモリー」「処理速度」という4つの力を測定し、それらのバランスによりその子どもの特性を知ることができます。全体的な知能指数値の落ち込みは学習面でも生活面でもさまざまな影響を及ぼしますが、4つの指標間の差があまりにも大きいと同じように学習面や生活面で困難をきたすことが出てきます。4つの指標はどのような力で、その力が落ち込んだ場合にどのような困難さがあるのかを述べたいと思います。

　まず「言語理解」は言語を理解する力なのですが、特に長い説明や複雑な説明を理解する、また逆に自分でそれらを表現する力です。この力が落ち込んでいる子は、「ことば」が間に入ってくると途端にできないことが増えてきます。複雑な指示を理解できない、友達と会話ができないなどコミュニケーションを苦手とし、学習全般に影響を与えることも多くあります。このタイプの子どもに対しては、なるべく言葉のみの説明は避け、具体物や絵などを用いた説明が必要となります。

　「知覚推理」は、学習では図形を認識する力であり生活上では物事を頭の中でイメージする力です。この力が落ち込んでいる子どもの多くは、場の空気を読むことや人の気持ちを理解することが苦手で、他の子どもとトラブルを起こすことが多くあります。頻繁に起こるトラブルですが、こうした子どもにとっては行動の引き出しを増やす絶好のチャンスです

第8節　発達障害の児童生徒への支援　131

のでトラブルをそのまま放置することなく、しっかりと振り返りをして問題点を気づかせることが重要になります。

「ワーキングメモリー」は、耳から入ってくる情報を短期的に覚えておく力で集中力とも関係があります。この力が落ち込んでいる子どもは、注意集中が長続きせず、そのために聞き漏らしや忘れ物をしてしまうことが多くあります。聞いたときにはしっかりと理解できているので、こうしたタイプの子どもにはメモを取る習慣をつけさせることで忘れ物が減ってきます。

「処理速度」は、学校生活でいえば板書を写す力で、目から入ってきた情報を短期的に頭の中に入れておき、それを手に伝えていく事務処理的な力です。この力が落ち込んでいる子どもは、素早く物事を処理することが苦手で、時間内に課題が終わらなかったり準備に時間がかかったりします。こうした子どもに対しての禁句は「早くしなさい！」で、過程を急がせてもできないことが多いので、準備等は早めに始めさせるように指示を出す必要があります。

発達障害の子どもは何らかの苦手を抱えていますが、これには上述したように特定の力の落ち込みがその原因となっています。そうした子どもに「何でできないの！」というような指導は、車いすの方に階段を使って2階に行ってくださいと言うのと同じことです。

特性を理解し、どうしたら落ち込んでいる部分を補うことができるのかを考えたうえで指導に当たることが重要です。

4 ソーシャルスキルトレーニング（SST）

ソーシャルスキルとは、そのまま日本語訳すると「社会技術」ということになりますが、社会の中で人とコミュニケーションを取るうえで必要な力を指します。本来この力は、人と接する中で自然と身についてい

くものですが、発達障害の子どもは特性上ソーシャルスキルが身につきにくく人との関わりを苦手としていることが多いため、「技術」として指導する必要があります。これが「ソーシャルスキルトレーニング」（以下、「ＳＳＴ」）です。

　元々ＳＳＴはアメリカで精神疾患を患った人の社会復帰を目的として行われたものでしたが、コミュニケーションを取ることが苦手な発達障害の子どもにも効果があるということで個別に指導が行われてきました。しかしながら最近では、バーチャルな世界やＬＩＮＥのような相手の表情が見えないソーシャルネットワークで仲間とコミュニケーションを取ることが日常的になっている社会環境の変化から、発達障害ではない子どもたちも実生活の中で人と上手に接することができなくなってきています。こうした変化を受け、最近では発達障害の子どもにだけＳＳＴを行うのではなく、学級での人間関係力の向上を目指して集団に対してＳＳＴを実施する学校が目立つようになっています。

　ＳＳＴは特別な指導ではなく、日々の生活指導の延長線上にあるものです。そのため他の教科とは異なり、毎週行うものではなくトレーニングを行う個人や集団のスキルの獲得状況によって、その頻度を決定するものであり、ＳＳＴをきっかけとして子どもたちの気づきを誘い、それを日常生活の中で意識させて過ごさせることが大切になります。

5 ｜ おわりに

　発達障害の子どもは、非常に優れた「敵味方識別センサー」を持っています。うわべだけ優しい先生や自分に迎合するだけの先生にはなつこうとしません。いくら厳しくとも自分にきちんと向き合う先生には素直に従います。発達障害の子どもの指導には「配慮」は必要ですが、「遠慮」は必要ありません。一人一人の子どもをしっかりと見て、指導するとい

第8節　発達障害の児童生徒への支援　133

う姿勢はすべての子どもに共通するものなのです。

【参考文献】
● 文部科学省 『通常の学級に在籍する発達障害の可能性のある特別な教育的支援を必要とする児童生徒に関する調査結果について』（2012）
●『聞く・話す・伝える力をはぐくむ　クラスが変わる！子どものソーシャルスキル指導法』岩澤一美監修　ナツメ社（2014）

第**9**節 | **子どもの生活の変化を踏まえた課題**

カウンセリング・マインドの必要性

阿部利彦

星槎大学准教授。埼玉県特別支援教育推進委
員会委員長。専門は、教育相談、特別支援教
育。

1 : 教育相談とカウンセリング・マインド

「学校が医療機関の役目を負わされてきつつある」という危機感が、教
育専門家の間に広がってきています。「教員の仕事は"枠"や"限界"
がはっきりしない」ということはこれまでにもいわれてきました。今日
では子どもたちの問題行動も保護者の価値観も多様化し、教師に対して
はますます専門的な相談・支援に関する知識が要求されるようになって
きています。

　では、いつ頃から教員がカウンセリングの知識を必要とするように
なったのでしょうか。文部省（当時）の文献においては、1972年の「生
徒指導資料集第8集」で初めて「中学校におけるカウンセリングの進め
方」が取り上げられています。実は1972年というのは星槎グループ誕生
の年でもあります。ちょうど不登校や学びにつまずきがある子を支える

ことの重要性が認識され始めた時期であるといえるでしょう。この頃から重視されてきたのが、治療的教育相談の立場です。

治療的教育相談とは

　　非行など反社会的な問題行動や不登校など非社会的問題行動を起こした児童・生徒に対して、心理的なメカニズムを理解し、問題の解決に向けての指導・援助を個別またはグループカウンセリングなどの方法を用いて行う。従って、特定の児童生徒が対象となる。

　この頃は、学校が医療機関のカウンセリングのやり方を模倣し、取り入れた時期で、非社会的な問題行動、あるいは反社会的問題行動を示す特定の子どもたちを対象にしており、カウンセリングを勉強し相談に関わる教師も限定されていました。

　ところが1980年代になると「子どもは誰でも不登校になり得る」という時代に突入し、不登校になった後の支援だけでなく、その予防に学校全体で取り組まなければならない、という考えが広まりました。そして教育相談についても、治療的な教育相談への取り組みだけでなく、予防的な教育相談のための体制づくりが必要であるというカウンセリング・マインド期に入るのです。

予防的教育相談とは

　　児童・生徒が問題を起こしたり不適応に陥ったりしないように、あるいは、教師が気になる子どものサインをキャッチしたときに、それが問題行動につながったり、深刻化したりすることを事前に防ぐように指導・援助することである。従って、全ての児童生徒が対象となる。

このカウンセリング・マインド期に、学校における全ての子どもが対象となったため、全教員にカウンセリングの知識を有することが求められるようになっていったのです。

2 ┆ カウンセリング・マインドのある対応とは

カウンセリング・マインドのある対応とは、実際にどのようなものなのでしょうか？　その主な技法を整理してみました。

カウンセリング・マインドの技法
- 話しやすい雰囲気をつくる（受容、同調）
- 決め付けずに、まず相手の言葉によく耳を傾ける（積極的傾聴、共感的理解）
- 相手を励ます、勇気付ける（うなずき、支持的態度、繰り返し、肯定的ストローク）
- 話したいことを話しやすいよう導く（質問、リード）
- 相手の洞察を援助する（明確化）
- 相手が否定的に思っていることを肯定的に再枠付けする（リフレーミング）
- 困難を克服させる（励まし、言語化、助言）

これらを実際に教育活動の場面で生かすには、どのように実践していけばいいのでしょうか。日々の関わりの中での児童・生徒との信頼関係の形成や、個々に応じた細やかな指導、そして、子どもたちの意欲を引き出すような対応を心掛けることなどが挙げられるでしょう。

第9節　カウンセリング・マインドの必要性　137

> **カウンセリング・マインドを生かした関わり**
> ・一人一人の家庭的背景や成績・出欠状況などをできるだけ把握しておく
> ・表情や態度の気になった生徒にさりげなく声を掛ける
> ・生徒が伸び伸び発言できるような雰囲気づくりや言葉掛け、態度を心掛ける
> ・答えに詰まった生徒に対しては、ゆったり待つようにする
> ・声の大きさや明瞭さを常に心掛ける
> ・頭だけでなく、心に響いて感動を覚えるような授業の構成を考える

3 不登校への対応

(1) 不登校に関する調査結果から

　教育相談というと、まず頭に浮かぶのは、不登校の児童・生徒のことではないでしょうか？　不登校の子どもは、1990年代に中学校を中心に増加しました。近年は、小学校ではほぼ横ばい、中学校では減少傾向、高校では増加傾向にあり、平成26年度には、小学校では2万5866人（全体に占める割合0.39％）、中学校では9万7036人（同 2.76％）、高校では5万3154人（同1.59％）となっています（文部科学省「平成26年度『児童生徒の問題行動等生徒指導上の諸問題に関する調査』について」〈2015〉）。

　不登校になったきっかけと考えられる状況をみると、小学生では「不安など情緒的混乱」「無気力」「親子関係」が多く、中学生・高校生と比

表1 不登校になったきっかけと考えられる状況

(%)

		小学校	中学校	高校
学校に係る状況	いじめ	1.2	1.1	0.2
	友人関係	11.2	15.4	8.3
	教職員との関係	3.3	1.6	0.5
	学業の不振	7.1	9.2	7.7
	進路にかかる不安	0.5	1.7	3.5
	部活動等への不適応	0.2	2.2	1.3
	学校のきまり等をめぐる問題	0.6	1.8	1.6
	入学・進級時等の不適応	2.2	2.9	5.4
家庭に係る状況	家庭の生活環境の急激な変化	9.2	4.6	2.8
	親子関係	19.1	8.8	5
	家庭内の不和	4.8	3.6	2.3
本人に係る状況	病気による欠席	9.1	7.8	7.7
	あそび・非行	0.9	8.4	10.4
	無気力	23	26.7	30.8
	不安など情緒的混乱	36.1	28.1	18
	意図的な拒否	5.8	4.9	5.6
	その他	5.3	4.9	4.4
その他・不明		7	2.6	4.4

(不登校児童生徒数に対する回答割合〈複数回答可〉)

出典：文部科学省「平成26年度『児童生徒の問題行動等生徒指導上の諸問題に関する調査』について」(2015)

べると、家庭に係る状況が相対的に多い状況です。また中学生では，「不安など情緒的混乱」と「無気力」が並んで多くなっています。高校生では、「無気力」が最も多くなります。

(2) 不登校のサイン

　不登校の支援で重要なのは、実際に不登校になってしまう前に、児童・生徒が発するサインを的確に捉え、予防的に関わることです。では、不登校になりかけている子どもたちは、どのようなサインを発するのでしょうか。

- ・表情が乏しくなり、元気がなくなる
- ・ささいなことを訴えに来る
- ・体育の授業の見学が多くなる

第9節　カウンセリング・マインドの必要性　139

- 一人でぼーっとすることが増える
- 保健室に行くことが多くなる
- 月曜日の欠席が増える
- 理由のはっきりしない欠席が増える
- 遅刻・早退が増える
- 活動がスローになる
- なんとなく教師のそばにいたがる
- 頭痛・腹痛・嘔吐・下痢・発熱などがよく見られる
- 感情的に不安定になる
- 成績が下がる
- 宿題や提出物などを忘れがちになる
- 集中力がなくなる

　こうしたサインに気付いたら、教員間で、あるいは保護者と連携し、子どもについての情報を整理して理解を深めることが大切です。細やかな対応とともに、子どもの心にエネルギーが補給されるような働き掛けを行う必要があるでしょう。

（3）家庭訪問による支援

　不登校の児童・生徒を学校に復帰させるには、時には教員が家庭訪問を行って子どもたちに働き掛けていかなければなりません。家庭訪問については、次のような視点が重要になります。

- 教師やクラスの友達とつながっていることを伝え、孤立感を和らげる
- 保護者の労をねぎらい、保護者の心を支える
- 保護者を通じて学校の情報を伝え、保護者の判断で取捨選択して

> 子どもに伝えてもらう

　登校を促す（登校刺激を与える）際に気を付けなければならないのは、保護者が積極的に学校に行かせようとしても、泣き叫んだり、どこかに必死にしがみついたりして激しく拒み続けるときや、腹痛、下痢、頭痛などの身体症状が強く出ているときなど、心の葛藤や混乱が激しい場合です。学校復帰にはかなりの精神的エネルギーが必要であるため、登校刺激を与えるかどうかは慎重に検討されなくてはなりません。

4 いじめへの対応

(1) いじめの定義

　文部科学省はいじめの定義を「自分より弱い相手に対して、一方的に、身体的・心理的な攻撃を継続的に加え、相手が深刻な苦痛を感じているもの」としてきましたが、2006年に「一定の人間関係のあるものから、心理的・物理的攻撃を受けたことにより、精神的な苦痛を感じているもの」と変更しました。

　これは、いじめについて考える際、個々の行為がいじめに当たるかどうかの判断を、表面的・形式的な事実に即して判断するのではなく、いじめられた児童・生徒の心理的被害を重視して理解する必要があることを示しています。

(2) いじめに関する調査結果から

　文部科学省の調査（「平成26年度『児童生徒の問題行動等生徒指導上の諸問題に関する調査』における『いじめ』に関する調査結果について」）によると、国公私立の小学校・中学校・高校・特別支援学校にお

第9節　カウンセリング・マインドの必要性　　141

表2 いじめの態様

(%)

	割合
冷やかしやからかい、悪口や脅し文句、嫌なことを言われる	64.5
仲間はずれ、集団による無視をされる	19.1
軽くぶつかられたり、遊ぶふりをして叩かれたり、蹴られたりする	22.2
ひどくぶつかられたり、叩かれたり、蹴られたりする	7.5
金品をたかられる	2.1
金品を隠されたり、盗まれたり、壊されたり、捨てられたりする	7.1
嫌なことや恥ずかしいこと、危険なことをされたり、させられたりする	7.8
パソコンや携帯電話等で、誹謗中傷や嫌なことをされる	4.2
その他	4.4

(各区分の認知件数に対する割合〈複数回答可〉)

出典:文部科学省「平成26年度『児童生徒の問題行動等生徒指導上の諸問題に関する調査』における『いじめ』に関する調査結果について」(2015)

表3 いじめ発見のきっかけ

(%)

	割合
担任が発見	12.1
担任以外の教職員が発見	2.3
養護教諭が発見	0.4
スクールカウンセラー等が発見	0.3
アンケート調査など学校の取組	50.9
本人からの訴え	17.3
本人の保護者からの訴え	11.2
本人以外の児童生徒からの情報	3.3
本人以外の児童生徒の保護者からの情報	1.8
地域の住民の情報	0.1
関係機関からの情報	0.2
その他	0.1

出典:文部科学省「平成26年度『児童生徒の問題行動等生徒指導上の諸問題に関する調査』における『いじめ』に関する調査結果について」(2015)

ける認知件数は、18万8057件となっています。小学校で12万2721件、中学校で5万2969件、高校で1万1404件、特別支援学校で963件であり、平成23年度（3万3124件）と比較すると小学校での増加は著しいものとなっています。

　いじめの態様は、「冷やかしやからかい、悪口や脅し文句、嫌なことを言われる」（全体の64.5%）が最も多く、次いで、「軽くぶつけられたり、遊ぶふりをして叩かれたり、蹴られたりする」（同22.2%）、「仲間はずれ、集団による無視をされる」（同19.1%）となっています。

　また「パソコンや携帯電話等で、誹謗中傷や嫌なことをされる」については、小学校でも増加傾向にあります。

　いじめ発見のきっかけは「アンケート調査など学校の取組」（50.9%）が最も多く、「本人からの訴え」（17.3%）が続いています。定期的に児童・生徒から直接状況を聞く機会を確実に設けるため、アンケート調査の一層の充実を図るとともに、個別面接や日記の活用などさらに必要な取り組みを充実させていく必要があるでしょう。

(3) いじめの構造

　いじめの構造は、いじめられる子、いじめる子という単純な図式ではなく、次頁図1のような4層構造になっているとされています。そして学級での指導では、観衆や傍観者になっている子どもたちの心にある正義に訴えていくことが非常に重要となるのです。

　観衆の立場にいる子どもたちに対しては、その態度がいじめる子への支持となり、いじめられる子が受けている圧力を強化することを理解させなければなりません。また、傍観者であることも、暗黙のうちにいじめに同調し、助長しているのと同じであると認識させることが大切です。

　また一方で、いじめの周辺にいることで、子どもたちが感じる不安も忘れてはなりません。何も行動を起こすことのできない自分自身にいら

立つ子どももいます。周囲の子どももさまざまな不安を抱えているのだという認識を持った上での指導が求められます。その中で、もし仲裁者となった子どもがいれば、その正義感を認め、学級全体への広がりへとつなげていきましょう。教師の根気強い働き掛けが、いじめを減らす鍵になるのです。

図1 いじめの4層構造

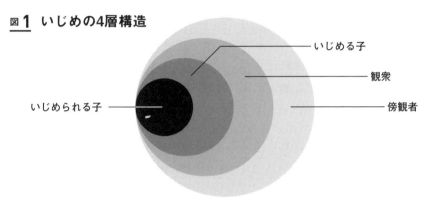

出典:『新訂版 いじめ—教室の病い』森田洋司・清水賢二(1994)

(4) いじめに関するアンケート調査を生かす

先ほどの調査結果で示したように、いじめ発見の重要なツールとして、アンケート調査があります。しかし、単にアンケートを定期的に実施しているというだけでは、いじめを見過ごしてしまう可能性も大きいのです。では、「いじめアンケート」の作成や実施に当たって、どのような注意が必要なのでしょうか。

「いじめアンケート」について
・アンケート実施の事前指導を丁寧に行う
・自分が受けたいじめ行為だけでなく、自分が目撃したいじめ行為

についても問う
- いじめ行為の時期と場所を問う
- いじめ行為に対して自分なりにとった対応を問う

　子どもたちが一生懸命に書いてくれたアンケートをきちんと指導に生かすためのポイントとしては、次のようなことが挙げられます。

アンケート後の支援
- いま発生しているいじめへの危機介入を行う
- 子どもの精神的成長を促す
- 教師として感じたこと、考えたことを表現し、子どもたちに伝える
- 保護者へ学校から投げ掛ける
- アンケート結果を基に教員間の共通理解を進める

5 教師の援助力を高める

　冒頭で述べたように、教員に求められる力はますます多様化しています。その結果、心をすり減らしてしまう仲間も少なくありません。中には「どうして教員なのにカウンセリングの知識が求められるのだろう」と悩む方もいらっしゃるかもしれません。

　しかし、カウンセリングを学ぶことで、これまで見えなかった子どもの行動の背景や、関わり方の突破口が少しずつ見えてきて、「分からない」「どうしたらいいのだろう」という焦りや迷いから解放され、心のゆとりが生み出されることもあるのです。自分の持つ「心の幅」を広げることで、教師としての力をより充実させていくこともできるでしょ

第9節　カウンセリング・マインドの必要性　145

う。カウンセリング・マインドが私たちの可能性をさらに豊かにしてくれる、そう私は信じています。

【参考文献】
● 『教師のためのカウンセリングワークブック』菅野純著　金子書房（2013）
● 『不登校予防と対応Ｑ＆Ａ70』菅野純著　明治図書（2008）
● 『いじめ予防と対応Ｑ＆Ａ73』菅野純・桂川泰典著　明治図書（2012）

● 内閣府「平成25年版子ども・若者白書」（2013）
● 文部科学省「平成26年度『児童生徒の問題行動等生徒指導上の諸問題に関する調査』について」（2015）
● 文部科学省「平成26年度『児童生徒の問題行動等生徒指導上の諸問題に関する調査』における『いじめ』に関する調査結果について」（2015）

第3章

選択必修領域

第1節

客観的・具体的材料
（各種報道・世論調査・統計等）**の**
適切な利用

天野一哉

1 : 少年犯罪は増加しているのか

　皆さんは、テレビや新聞、雑誌、インターネットなどのメディアで「近年、少年犯罪が増加している」とか「少年犯罪が凶悪化している」ということを見聞きしたことがありますか。あるいは、同様のことを友人知人の口から聞いたことはありませんか。実際、そのような経験は一度や二度ではないでしょう。それについて、あなたはどう思いますか。「近頃の若者は道徳心がない」とか「規範意識が低下している」「怖い」「テレビゲームの影響だ」「親のしつけがなっていない」などと感じますか。

　それでは、ここであらためて "クイズ" です。戦後、最も少年による刑法犯検挙人員が多かったのはいつでしょう。「少年による犯罪発生件数」ではないことに注意してください。捕まえてみないと、その犯罪が少年によるものか否か分かりません。ですから「平成24年版犯罪白書」

148 ┊ 第3章 選択必修領域

（法務省）の「少年による刑法犯検挙人員」の統計を基に出題します。

　どうでしょうか。最近のことだと思いますか。正解は1983（昭和58）年です。検挙人員は31万7438人でした。約30年前です。その頃の10代は現在、40代になっています。それに対して近年はどうでしょう。2012（平成24）年は10万1098人でした。実に約３分の１に減少しています。2011年だけ特別に少ないわけではなく、1983年以降、多少の波はあるものの、ほぼ右下がりに減少し続けています。

　少年犯罪は減少していますが、少年による凶悪犯罪はどうでしょう。一般的に凶悪犯罪とは、殺人、強姦、強盗、放火を指します。これも検挙人員で見ると殺人が最も多かったのは1951（昭和26）年と1961（昭和36）年の448人です。一方、2012（平成24）年はというと48人です。つまり約10分の１になりました。ちなみに1961年の10歳から19歳までの少年人口は約2045万人、2012年は1191万人で、２分の１にはなっていませんから、単純に少子化で子どもの数が減ったから凶悪犯罪が減少したということではないようです。

　その他の凶悪犯罪も見てみましょう。強姦が最も多かったのは1958（昭和33）年の4649人です。2012年は147人で、約32分の１に激減しています。強盗は1948（昭和23）年が最も多く3878人、2012年は643人。放火は1961（昭和36）年が694人で、2012年は174人でした。「昔の日本は、夜に女性が１人で街を安全に歩けた」と聞きますが、これらのデータを見る限り、それは単なるノスタルジーにすぎないことが分かります。

　もちろん検挙人数ですから実際の犯罪発生件数と完全に一致しているとは断言できませんが、これらのデータから考えると少なくとも「近年、少年犯罪が増加している」とか「少年犯罪が凶悪化している」とはいえないようです。むしろ減少しているとみて間違いないでしょう。

第1節　客観的・具体的材料の適切な利用

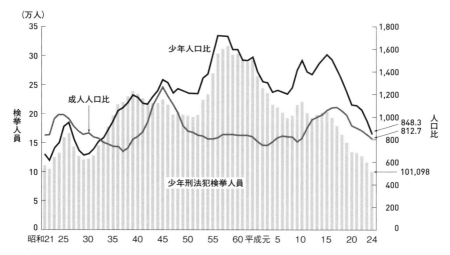

図1 少年による刑法犯　検挙人員・人口比の推移

注　1　警視庁の統計および総務省統計局の人口資料による。
　　2　年齢は犯行時である。ただし、検挙時に20歳以上であった者は、成人として計上している。
　　3　触法少年の補導人員を含む。
　　4　昭和45年以降は、自動車運転過失致死傷などによる触法少年を除く。
　　5　「少年人口比」は、10歳以上の少年10万人当たりの、「成人人口比」は、成人10万人当たりの、それぞれ刑法犯・一般刑法犯検挙人員である。

出典：「平成25年版　犯罪白書」（法務省）

2 メディア・リテラシー

　にもかかわらず、一般的に「近年、少年犯罪が増加している」「少年犯罪が凶悪化している」というイメージを持つ人がいるのはなぜでしょうか。大学の教職の授業や教員免許の更新講習でも、よくこの"クイズ"を出していますが、少なからぬ学生や教員たちが「最も少年による刑法犯検挙人員が多い」のは最近ではないか、という「印象」を持っています。教育に関わる人でさえ誤解しているわけですから、一般の人たちが誤解しているのは当然でしょう。

　この「誤解」の要因の1つは、テレビ、新聞など従来のマスメディア

の普及に加え、インターネットや携帯電話などのICT（Information and Communication Technology）が急速に発展したことが挙げられます。例えば、半世紀前の1960年代と現在を比べると、1つの「凶悪犯罪」の伝達回数は飛躍的に伸びているでしょう。テレビでは、ニュースはもちろん、ワイドショーなどの情報番組で繰り返し、しかもセンセーショナルに伝えられ、ネットでは不正確な情報や"流言飛語"の類いも含め、おびただしい数の"口コミ"が垂れ流されています。これをシャワーのように浴びれば、少年による「凶悪犯罪」が、あたかも日常茶飯事のように起こっていると勘違いしても無理からぬことでしょう。

　このような情報氾濫社会において、「誤解」「誤認」をしないために、またその「誤解」「誤認」を基に間違った判断、不適切な行動をしないためには、「メディアや情報を的確に読み解く」資質能力が必要になります。それがメディアリテラシーです。

　メディアリテラシーは、ナチス・ドイツのプロパガンダ（政治・思想宣伝、情報操作）に対抗するために発達しました。近年では、学校教育においても、イギリスやカナダ、アメリカなどの欧米諸国で盛んになっています。日本でも「総合的な学習の時間」の導入以来、NIE（Newspaper in Education）が広く実施されるようになりました。

　メディアリテラシーの向上と普及を進めている総務省は、メディアリテラシーを次のように定義しています。

1. メディアを主体的に読み解く能力。
2. メディアにアクセスし、活用する能力。
3. メディアを通じコミュニケーションする能力。特に、情報の読み手との相互作用的（インタラクティブ）コミュニケーション能力。

第1節　客観的・具体的材料の適切な利用　　151

同省では、ホームページでメディアリテラシーに関する情報や教材を紹介しています。

3 ：情報リテラシー

　学校教育において、情報・メディアを主体的に読み解き、活用し、相互作用的（インタラクティブ）にコミュニケーションする資質能力をどのようにして子どもたちに身に付けさせればいいでしょうか。映画『クライマーズ・ハイ』（監督・原田眞人、原作・横山秀夫）で、堤真一演じる主人公の新聞記者は、特ダネの情報を入手し、スクープするか否かを逡巡します。そのとき呪文のように「チェック、ダブルチェック」と一人つぶやきます。チェック、つまり「裏取り」、マスコミ用語で、取材した情報の裏付け（証拠）を取るということです。しかも裏付け（証拠）は「ダブル」、二重三重に取らなければなりません。結局、主人公の新聞記者は情報に確信が持てず、スクープを諦め、他紙に出し抜かれてしまいます。本来、新聞や雑誌の記事、テレビのニュースとはそれほど重いものなのです。

　これは学校のメディアリテラシー教育においても非常に示唆に富むエピソードでしょう。目の前にある情報が信用に足るものなのか否かを確かめるために「チェック、ダブルチェック」する。つまり複数の情報源から調査し、証拠を集めるということです。

　先ほどの「近年、少年犯罪が増加している」「少年犯罪が凶悪化している」を例にすれば、新聞、雑誌、書籍、ネット等、複数の情報源からデータを集めます。しかし、それだけでは"わな"にはまってしまうかもしれません。グラフによっては少年犯罪が急激に増加しているように見えるものもあります。これはある特定の期間のみをピックアップしていたり（2000年頃から2001年までの「殺人」）、統計の方法が変わって

152 ｜ 第3章　選択必修領域

いたり（1997年前後の「強盗」）、また警察の捜査行動が変化したり（1970年代以降の「横領」〈ほとんどは自転車泥棒〉、実は冒頭に挙げた1983年に「少年による刑法犯検挙人員」が最も多かったこともこれに関連します）とさまざまな「裏」事情が関わっています。

　法務省のホームページでは1960年からの「犯罪白書」が見られます。またウェブサイト「少年犯罪データベース」に戦前戦後の少年犯罪に関するさまざまなデータが紹介されています。なぜ「グラフによっては少年犯罪が急激に増加しているように見える」のか、調査、考察してみてください。ＯＥＣＤ（経済協力開発機構）のＰＩＳＡ（生徒の学習到達度調査）にも、この"わな"に類似する出題（2003年「盗難事件」）があります。

　情報・メディアを主体的に読み解き、活用し、相互作用的（インタラクティブ）にコミュニケーションする資質能力を高めるためには単に情報を集めるだけではなく、集めた情報を分析、考察しなければなりません。グラフならば横軸の期間や縦軸の件数の幅、誰によって、何の目的で集計されたのかに注意する必要があります。数値といえども決して現実をありのままに映しているわけではありません。どんな統計でも、取っているのは生身の人間です。そこには何らかの意図があるということを前提にしなければなりません。

　ここまで見てくるとメディアをリテラシー（読み解く）するだけではなく、情報リテラシー、ポリティカル（政治）リテラシーが必要であることがわかります。

4 ┊ クリティカル・シンキング

　学校現場では、少年犯罪をテーマにしてもいいし、「原子力発電は安価で安全なクリーンエネルギーか」「イラクに大量破壊兵器は存在した

第1節　客観的・具体的材料の適切な利用　153

か」「年金は本当に100年安心なのか」でもいいでしょう。またメディアの情報のみならず教科に近づけて「聖徳太子は実在したか」「絶対に1＋1＝2なのか」も可能です。重要なのはテーマそのものよりも情報をうのみにしない、「チェック、ダブルチェック」する姿勢です。言い換えればクリティカルシンキング（批判的思考）により情報を読み解くことがメディアリテラシーの根幹であるということです。

　批判というと、日本では非難、誹謗中傷のようにとられ、負のイメージがありますが、クリティカルシンキングは、クリエイティブシンキング（創造的思考）やロジカルシンキング（論理的思考）を含む思考法で、欧米では義務教育段階から学んでいます。民主主義や科学的思考の“基礎基本”でもあります。

　哲学者のデカルトは真理に到達するために全てのものを疑いました。方法的懐疑といわれています。その結果、全てのものを疑っている自己の精神だけは疑えない、つまり「我思う、故に我あり」（コギト・エルゴ・スム ＝ cogito ergo sum）という境地にたどり着きました。これにより近代合理主義の出発点である演繹法（疑いようのない真理から論理的に個別の事象を明らかにする）を推奨することになります。疑問を持ち、論理的に考えるという方法は現代の学習という行為にも通じます。

　学校のメディアリテラシー教育においては、このクリティカルシンキングの意識（疑問、好奇心）とスキル（調査、論理的考察）を身に付けさせるトレーニングが必要となるでしょう。

【参考文献】

● 『メディア・リテラシー—世界の現場から—』菅谷明子　岩波書店（2000）

● 『メディア社会 ——現代を読み解く視点』佐藤卓己　岩波書店（2006）

● 『クリティカル・シンキングと教育—日本の教育を再構築する（SEKAISHISO SEMINAR）』鈴木健、竹前文夫、大井恭子　世界思想社（2006）

● 『中国はなぜ「学力世界一」になれたのか—格差社会の超エリート教育事情』天野一哉　中央公論新社（2013）

第**2**節

総則の趣旨の理解

白鳥 絢也

1 学習指導要領での基本目標

　教育基本法の精神を受け、さらには国家・社会の時代ごとの要請を受けて、教育の目標・内容を具体的に定めたものが「学習指導要領」です。ここには、時代時代の教育全体の目標および学校段階別・学年別・教科別の狙いや学習すべき内容が明示されています。

　教師は、この学習指導要領を参考にし、さらにこれに準拠して作成された教科書を用いて授業を展開することになります。なお、学校教育の大枠、つまり、教科の種類、授業時間数などは別に「学校教育法施行規則」に定められています。

　各学校は、この両者を基に学校ごとの教育課程（カリキュラム）を編成し、日常の業務を行うことになりますが、特に学習指導要領は教師一人一人が日常行う授業に欠かせないものとなります。学習の目的や内容

表1 学習指導要領の改訂の概要

改訂の流れ	主な狙い	特徴
昭和33～35年改訂	教育課程の基準としての性格の明確化（全文が基準であるとし、基準を上回ることも下回ることも好ましくないと指導）	○道徳の時間の新設 ○系統的な学習を重視 ○基礎学力の充実 ○科学技術教育の向上　等
昭和43～45年改訂	教育内容の一層の向上（教科書の内容も扱うべき項目の配列順序も学習指導要領によるべきであるとした）	○「教育内容の現代化」 ○時代の進展に対応した教育内容の導入（算数における集合の導入等）
昭和52～53年改訂	ゆとりのある充実した学校生活の実現＝学習負担の適正化	○各教科等の目標・内容を中核的事項に絞る
平成元年改訂	社会の変化に自ら対応できる心豊かな人間の育成	○生活科の新設 ○道徳教育の充実　等
平成10～11年改訂	基礎・基本を確実に身に付けさせ、自ら学び自ら考える力などの「生きる力」の育成	○教育内容の厳選 ○「総合的な学習の時間」の新設等
平成20～21年改訂	教育基本法改正等で明確となった教育の理念＝「生きる力」の育成「生きる力」を支える「確かな学力」、「豊かな心」、「健やかな体」の調和を重視	○言語活動の充実 ○理数教育の充実 ○伝統や文化に関する教育の充実 ○道徳教育の充実　等

出典：文部科学省ホームページ「確かな学力」
http://www.mext.go.jp/a_menu/shotou/gakuryoku/faq/001.htmより筆者作成。

第2節　総則の趣旨の理解　157

については十分理解しておかなければなりません。

　さて、学習指導要領は時代ごとの要請を反映するものであると述べましたが、歴史をたどってみると、1945〜55年（昭和20年代）に試案がつくられて以降、1958（昭和33）年からおよそ10年ごとに改訂されています。特に1989（平成元）年制定の学習指導要領以降、教育の目標や教育の内容・方法等が大きく改訂されてきました。それぞれの改訂における主な狙いと特徴は、表1の通りです。

　表1および文部科学省のホームページでは触れていませんが、戦後教育の起点としての1947（昭和22）年版・1951（昭和26）年版の「試案」の学習指導要領は、知っておかなければなりません。山口・高田の論考（「学習指導要領の変遷」山口満・高田喜久司〈『日本学校教育学会創立20周年記念・資料解説・学校教育の歴史・現状・課題』日本学校教育学会編、教育開発研究所、2009〉所収）を基に、以下に探っていきましょう。

　1947年3月20日、文部省（当時）によって「学習指導要領・一般編（試案）」が刊行されました。A5判・52ページのこの小冊子は、同年4月から新しい学校制度の下で発足する小学校等における教育の目標や教科課程、学習指導法等の概要を明らかにしたものでした。この最初の学習指導要領（試案）が刊行された経緯についてさかのぼると、GHQ（連合国軍最高司令官総司令部）の部局であるCIE（Civil Information and Educational Section：民間情報教育局）によって文部省へ指令が出され、1946（昭和21）年9月、文部省の中に学習指導要領を編集するための委員会が設置されたことが直接の契機となっています。

　ここで知っておかなければならないことは、CIEの指令が出る以前、1946年4月に文部省内に設けられた「教科課程改正委員会」によって、教科課程の改革のための検討と作業が精力的に進められてきたという事実です。教科課程改正委員会の作業は、当然それに続く学習指導要

領作成の作業に引き継がれ、生かされていくことになります。1946年9月に始まるＣＩＥとの交渉は、それに先立って日本側で独自に発足し進められてきた作業の成果の上に立って行われたことを確認してください。これは、戦後の教育課程改革が、アメリカによって一方的に押し付けられたものであるという"単純"な見方を戒める意味でも、極めて大切なことなのです。

　経験主義教育の原理を明確化した1951（昭和26）年版学習指導要領（試案）は、1947年版の不備を補い整えるために改訂が行われました。この版より、教科課程という用語に替えて「教育課程」という用語が使用されるようになりました。このことは、教科だけではなく「教科」と「教科外」とが相まって初めて、調和の取れた人間形成が可能になるという新しい教育課程観の確立を意味しています。

　1958（昭和33）年版は学習指導要領の法的拘束力が強化され、また「道徳」が加えられたこと、1968（昭和43）年版は「教育内容の現代化」、1977（昭和52）年版は子どもの学習負担の軽減などが改訂の柱として掲げられたことなどが特色として挙げられます。そして、1989（平成元）年の改訂時には、学校教育の位置付けやねらいが「生涯学習」の視点から大きく転換していくのです。

2 ｜ 平成以降の学習指導要領改訂の動向

　1989年版および1998（平成10）年版の学習指導要領は、変化する社会における学校教育の在り方の模索が特色となります。変化の激しい社会においては、学校で学んだ知識のみで社会生活を営むのではなく、子どもたち一人一人が自ら個性を発揮し、困難な場面に立ち向かい、未来を切り拓いていく力が求められます。このために必要となるのは、自ら学び自ら考える力などの「確かな学力」、他人を思いやる心や感動する

心などの「豊かな心」、たくましく生きるための「健やかな体」などの「生きる力」です。変化の激しい社会の中で、人間らしく生きるためには「生涯学習」の理念が不可欠であり、学校では、これからの生涯学習社会の中で、社会に出た後も生涯学び続けることができる基礎的な資質や能力を育むことが期待されることになったということです。

　生涯学習社会の到来により、従来の学校の位置付けが変化せざるを得ない状況にあります。日本では長い間、「教育＝学校教育」と考えられており、学校は教育の始発駅であり、終着駅でもあったのです。学校で習得した知識・技術を使って、卒業後の職場・社会・家庭生活を送るのが当たり前であり、社会もまたそれで十分であったのです。

　しかし、現代は状況が一変しています。コンピューターの普及、国際化の進展、政治・経済の目まぐるしい変化、また、それらの影響を受けての家庭や地域社会における日常生活の変化など、「変化」を前提としない生活は考えられない社会になっているのです。そのため、学校も「変化する社会」を前提としなくては存在できなくなったのです。つまり、学校は、青少年が生涯にわたって学ぶための「基礎を培う場」であり、学習の始発駅の役割を果たすことが求められることになったのです。

　この学校観の転換の中で、当然教育のねらいや従来の指導の在り方の転換が求められています。学校教育に直接反映する学習指導要領の文面を見れば、教育のねらいの変質は明らかです。特に、1989年の改訂に当たっては、その前に出された臨時教育審議会（1984 ～ 87年）の答申を受けて、ねらいについての基本的な変更が行われました。

　このときの改訂の柱は以下の4つです。

①豊かな心をもちたくましく生きる人間の育成を図る
②自ら学ぶ意欲と社会の変化に主体的に対応できる能力の育成を重視する

160　　第3章　選択必修領域

③国民として必要とされる基礎的・基本的な内容を重視し、個性を
　生かす教育の充実を図る
④国際理解を深め、我が国の文化と伝統を尊重する態度の育成を重視
　する

　この4つの柱の前文の中に、これらを包括するねらいとして「生涯学
習の基盤を培うという観点に立ち、21世紀を目指し社会の変化に自ら対
応できる心豊かな人間の育成を図ること」と述べられています。つまり、
学校は「生涯学習の基盤を培う場」であり、その目的は「社会の変化に
自ら対応できる心豊かな人間」であると規定しているのです。生涯学習
社会の到来を前提とし、子どもが自ら社会の変化に対応できる力と、心
豊かに生きる力の基礎の育成が教育のねらいとされたのだといえます。

　1998年版の学習指導要領は、小・中学校では2002年度から全ての学
年で実施され、高等学校では2003年度入学者から順次実施されました。
この具体化の基本となったのが、1996年に出された第15期中央教育審議
会の答申「21世紀を展望した我が国の教育の在り方について」です。こ
こでは、1989年の学習指導要領における学校教育のねらい以上に、子ど
も自身による学習や子ども自身の主体的な生き方を強調するものとなっ
ています。

　具体的には、「我々はこれからの子供たちに必要となるのは、いかに
社会が変化しようと、自分で課題を見つけ、自ら学び、自ら考え、主体
的に判断し、行動し、よりよく問題を解決する資質や能力であり、また、
自らを律しつつ、他人とともに協調し、他人を思いやる心や感動する心
など、豊かな人間性である」と述べ、学習・生活の両面にわたり、子ど
も自身が主体となり、調和的な発展を目指すこととしたのです。そして、
これを「生きる力」と定義付け、これからの教育のキーワードとして提
示しました。新しい時代を迎える学校教育はまさに、生涯学習の基礎と

第2節　総則の趣旨の理解　　161

して、「子ども自ら学ぶ力」「子ども自ら心豊かに生きる力」を調和的に育成することが明確に打ち出されています。

そして現在、2008年版の学習指導要領は、新たな要請に基づいて改訂され（2011年4月から導入）、その基本的な方針については、これまでの基本目標である「生きる力」という理念を生かし、生きる力を支える確かな学力を以下の3つと捉えています。

①基礎的な知識や技能
②課題解決に必要な思考力・判断力・表現力
③学習意欲

さらに、以下の5つを学習指導上の柱と位置付けています。

・基礎的・基本的な知識・技能の習得
・思考力・判断力・表現力等の育成
・確かな学力を確立するために必要な授業時数の確保
・学習意欲や学習習慣の確立
・豊かな心や健やかな体の育成のための指導の充実

これを受けて、授業時間の総数が増加し、小中学校では、国語・算数・理科などの時間が増加する一方、「総合的な学習の時間」の授業時間は減少しています。

最後に、新しい学校の位置付けの中で極めて重要なことは、学校と家庭・地域社会の連携の強化であることに触れておきます。前述の1996年の中教審答申でも、「教育は、言うまでもなく、単に学校だけで行われるものではない。家庭や地域社会が、教育の場として十分な機能を発揮することなしに、子供の健やかな成長はあり得ない。[生きる力]は、

162　第3章　選択必修領域

学校において組織的、計画的に学習しつつ、家庭や地域社会において、親子の触れ合い、友達との遊び、地域の人々との交流などの様々な活動を通じて根づいていくものであり、学校・家庭・地域社会の連携とこれらにおける教育がバランスよく行われる中で豊かに育っていくものである。」と述べられ、今後の学校教育の中で特に3者の連携が欠かせないことを強調しています。

　このような学校・家庭・地域社会の連携は、現在までのところ不十分と言わざるを得ません。この連携を容易にするシステムを構築することが求められており、例えば、教員と父母、地域の代表等による「学校教育協力者会議」といった組織が必要となるでしょう。今後いっそう、これら連携のためのシステムを構築し、機能させることが必要とされているのです。

【参考文献】
- 『教師論―共生社会へ向けての教師像―』川野辺敏・白鳥絢也　福村出版（2013）
- 『未来をつくる教育ESD―持続可能な多文化社会をめざして―』五島敦子・関口知子編　明石書店（2010）
- 『免許状更新講習教材　教育事情 ―第2版―』財団法人私立大学通信教育協会編　財団法人私立大学通信教育協会（2011）
- 『教育の最新事情　第3版 ―教員免許状更新講習テキスト―』千葉大学教育学部附属教育実践総合センター編　福村出版（2013）
- 『現代学校教育要論 ―教職教養の教育学―』松島鈞他監修　日本文化科学社（2002）

第2節　総則の趣旨の理解　163

第**3**節

法令改正、国の審議会の状況等

白鳥絢也

1 ┊ 近年の教育政策の動向

　2000年度以降の教育政策の動向（高等教育分野を除く）を整理すると、表1のようになります。文部科学省のＨＰ上でその概要や全文を閲覧することも可能ですので、ぜひ参照してみてください。

2 ┊ 教員に求められる資質能力

「教員に求められる資質能力」については、いつの時代にも、いつの教育改革においても取り上げられるテーマです。これについては、1997年7月に出された教育職員養成審議会の「新たな時代に向けた教員養成の改善方策について」第一次答申に詳しく述べられており、以後の答申においても繰り返し引用されています。この答申では、次の3点を指摘し

164 ┊ 第3章　選択必修領域

表1 2000年度以降の教育政策の動向（高等教育を除く）

2000.4	学校教育法施行規則等の一部改正（学校評議員制度の導入、校長・教頭の資格要件の緩和、職員会議の位置づけの明確化など）
2000.12	教育改革国民会議最終報告「教育を変える17の提案」
2001.1	文部科学省「21世紀教育新生プラン」
2002.2	中央教育審議会答申「今後の教員免許制度の在り方について」（教員免許制度の総合化・弾力化・教員免許更新制の可能性の検討、特別免許状の活用促進など）
2002.4	新学習指導要領の施行（完全学校週5日制、総合的な学習の時間など）
2002.7	中教審答申「青少年の奉仕活動・体験活動の推進方策等について」（新たな「公共」による社会づくり、活動を奨励・支援する方策、地域プラットフォームの構築、コーディネーターの養成・確保など）
2002.9	中教審答申「子どもの体力向上のための総合的な方策について」（外遊びとスポーツのすすめ、スポーツふれあい広場、スポーツにおける学社連携・融合、子どもの生活習慣の改善など）
2003.3	中教審答申「新しい時代にふさわしい教育基本法と教育振興基本計画の在り方について」
2003.10	中教審答申「初等中等教育における当面の教育課程及び指導の充実・改善方策について」（学習指導要領の「基準性」の明確化、必要な指導時間の確保、「総合的な学習の時間」の充実、「個に応じた指導」の充実、教育課程・指導の充実・改善のための環境整備など）
2004.1	中教審答申「食に関する指導体制の整備について」（栄養教諭制度の創設、関係教職員の連携・協力、学校・家庭・地域社会の連携・協力など）
2004.3	中教審答申「今後の学校の管理運営の在り方について」（新しいタイプの公立学校＝地域運営学校の在り方、公立学校の管理運営の包括的な委託の在り方など）
2004.12	中教審（学校の組織運営に関する作業部会の審議のまとめ）「学校の組織運営の在り方について」
2005.1	中教審答申「子どもを取り巻く環境の変化を踏まえた今後の幼児教育の在り方について」（幼稚園等の教育機能の強化・拡大、家庭・地域社会の教育力の再生・向上、幼児教育を支える基盤の強化など）
2005.10	中教審「新しい時代の義務教育を創造する」
2005.12	中教審「特別支援教育を推進するための制度の在り方について」（特別支援学校・特別支援学級の創設、特別支援学校教諭免許状の創設など）
2006.3	文科省「義務教育諸学校における学校評価ガイドライン」策定
2006.6	地方教育行政の組織及び運営に関する法律の一部改正（学校運営協議会制度の導入）
2006.7	中教審答申「今後の教員養成・免許制度の在り方について」（教職実践演習の新設、教職大学院制度の創設、教員免許更新制の導入など）
2006.12	教育基本法改正
2007.1	教育再生会議「社会総がかりで教育再生を（第一次報告）─公教育再生への第一歩」
2007.1	中教審答申「次代を担う自立した青少年の育成に向けて」（家庭での基盤づくり、体験活動の拠点づくり、地域ネットワークの構築、ユースサポーターなど相談体制の充実、情報メディア環境の見直しなど）
2007.3	中教審答申「教育基本法の改正を受けて緊急に必要とされる教育制度の改正について」
2007.3	中教審答申「今後の教員給与の在り方について」（教員の校務と学校の組織運営体制の見直し、メリハリある教員給与のあり方、教員の勤務時間・勤務体系のあり方など）
2007.6	教育再生会議「社会総がかりで教育再生を（第二次報告）─公教育再生に向けた更なる一歩と『教育新時代』のための基盤の再構築」

第3節　法令改正、国の審議会の状況等

2007. 6	教育関連3法(学校教育法、地方教育行政法、教育職員免許法・教育公務員特例法)の改正
2007.12	教育再生会議「社会総がかりで教育再生を(第三次報告)―学校、家庭、地域、企業、団体、メディア、行政が一体となって、全ての子供のために公教育を再生する」
2008.1	教育再生会議「社会総がかりで教育再生を(最終報告)―教育再生の実効性の担保のために」
2008.1	中教審答申「子どもの心身の健康を守り、安全・安心を確保するために学校全体としての取組を進めるための方策について」(学校保健の充実、食育の推進、学校安全の充実など)
2008.1	中教審答申「幼稚園、小学校、中学校、高等学校及び特別支援学校の学習指導要領等の改善について」
2008.1	文科省「学校評価ガイドライン」改訂
2008.2	中教審答申「新しい時代を切り拓く生涯学習の振興方策について」(生涯を通じた学習の支援、社会全体の教育力の向上、地域の課題・目標の共有化など)
2008.3	新学習指導要領の告示
2008.4	中教審答申「教育振興基本計画について―『教育立国』の実現に向けて」
2008.4	中教審答申「食に関する指導体制の整備について」
2008.5	教育再生懇談会「教育振興基本計画に関する緊急提言」(教育再生への確実な取り組み、財政基盤の確保、「放課後子どもプラン」の全小学校区での実施、「学校支援地域本部」の全中学校区での実施など)
2008.5	教育再生懇談会「これまでの審議のまとめ」(第一次報告)(子どもを有害情報から守る、若い保護者の子育てを支える、留学生30万人計画の策定と実現、英語教育の見直し、実践的な環境教育の展開、学校の耐震化など)
2008.7	「教育振興基本計画」(閣議決定)
2008.12	中教審諮問「今後の学校におけるキャリア教育・職業教育の在り方について」
2008.12	教育再生懇談会「教科書の充実に関する提言」(第二次報告)(教科書充実の方向性、教科書の充実のための条件整備)
2009.2	教育再生懇談会「これまでの審議のまとめ」(第三次報告)(携帯電話利用の在り方について、大学全入時代の教育の在り方について、教育委員会の在り方について)
2009.5	教育再生懇談会「これまでの審議のまとめ」(第四次報告)(「教育安心社会」の実現―「人生前半の社会保障」の充実を―、教育のグローバル化と創造性に富んだ科学技術人材の育成、「スポーツ立国」ニッポン)
2010.6	中教審諮問「教職生活の全体を通じた教員の資質能力の総合的な向上方策について」(教職生活の各段階で求められる専門性の基盤となる資質能力を着実に身に付けられるような新たな教員養成・教員免許制度の在り方について、新たな教員養成の在り方を踏まえ、教職生活の全体を通じて教員の資質能力の向上を保証するしくみの構築について、教育委員会や大学をはじめとする関係機関や地域社会との組織的・継続的な連携・協働のしくみづくりについて)
2011.1	中教審答申「今後の学校におけるキャリア教育・職業教育の在り方について」(キャリア教育・職業教育の課題と基本的方向性、発達の段階に応じた体系的なキャリア教育の充実方策、生涯学習の観点に立ったキャリア形成支援の充実方策など)
2011.6	中教審諮問「第2期教育振興基本計画の策定について」
2012.3	中教審答申「学校安全の推進に関する計画の策定について」(児童生徒等の安全を取り巻く現状と課題、学校安全を推進するための方策、方策の効果的な推進に必要な事項)
2012.8	中教審答申「教職生活の全体を通じた教員の資質能力の総合的な向上方策について」(現状と課題、改革の方向性、当面の改善方策 ～教育委員会・学校と大学の連携・協働による高度化)
2013.4	中教審答申「第2期教育振興基本計画について」(我が国における今後の教育の全体像、今後5年間に実施すべき教育上の方策～四つの基本的方向性に基づく、8の成果目標と30の基本施策～、施策の総合的かつ計画的な推進のために必要な事項)

ています。

①いつの時代も教員に求められる資質能力
②今後特に教員に求められる具体的資質能力
③得意分野を持つ個性豊かな教員の必要性

　まず、「①いつの時代も教員に求められる資質能力」については、「専門的職業である『教職』に対する愛着、誇り、一体感に支えられた知識、技能等の総体」と説明されています。

　次に、「②今後特に教員に求められる具体的資質能力」については、「地球的視野に立って行動するための資質能力（地球、国家、人間等に関する適切な理解、豊かな人間性、国際社会で必要とされる基本的資質能力）」「変化の時代を生きる社会人に求められる資質能力（課題解決能力等に関わるもの、人間関係に関わるもの、社会の変化に適応するための知識及び技能）」「教員の職務から必然的に求められる資質能力（幼児・児童・生徒や教育の在り方に関する適切な理解、教職に対する愛着、誇り、一体感、教科指導、生徒指導等のための知識、技能及び態度）」の３点が指摘されています。

　最後に、「③得意分野を持つ個性豊かな教員の必要性」については、「画一的な教員像を求めることは避け、生涯にわたり資質能力の向上を図るという前提に立って、全教員に共通に求められる基礎的・基本的な資質能力を確保するとともに、さらに積極的に各人の得意分野づくりや個性の伸長を図ることが大切である。」と説明されています。

　その後、2005年10月に出された中央教育審議会答申「新しい時代の義務教育を創造する」の中で、教員に求められる資質能力についてあらためて指摘されています。この答申では、次の３点を指摘しています。

第３節　法令改正、国の審議会の状況等　167

①教職に対する強い情熱
②教育の専門家としての確かな力量
③総合的な人間力

　まず、「①教職に対する強い情熱」については、「教師の仕事に対する使命感や誇り、子どもに対する愛情や責任感などである。また、教師は、変化の著しい社会や学校、子どもたちに適切に対応するため、常に学び続ける向上心を持つことも大切である。」と説明されています。

　次に、「②教育の専門家としての確かな力量」については、「『教師は授業で勝負する』と言われるように、この力量が『教育のプロ』のプロたる所以である。この力量は、具体的には、子ども理解力、児童・生徒指導力、集団指導の力、学級作りの力、学習指導・授業作りの力、教材解釈の力などからなるものと言える。」と説明されています。

　最後に、「③総合的な人間力」については、「教師には、子どもたちの人格形成に関わる者として、豊かな人間性や社会性、常識と教養、礼儀作法をはじめ対人関係能力、コミュニケーション能力などの人格的資質を備えていることが求められる。また、教師は、他の教師や事務職員、栄養職員など、教職員全体と同僚として協力していくことが大切である。」と説明されています。

　そして、2012年8月に出された中教審答申「教職生活の全体を通じた教員の資質能力の総合的な向上方策について」の中で、教員に求められる資質能力について言及しています。この答申では、次の3点を指摘しています。

①教職に対する責任感、探究力、教職生活全体を通じて自主的に学び続ける力

168　　第3章　選択必修領域

②専門職としての高度な知識・技能
③総合的な人間力

　まず、「①教職に対する責任感」については、「使命感や責任感、教育的愛情」と説明されています。

　次に、「②専門職としての高度な知識・技能」については、「教科や教職に関する高度な専門的知識（グローバル化、情報化、特別支援教育その他の新たな課題に対応できる知識・技能を含む）、新たな学びを展開できる実践的指導力（基礎的・基本的な知識・技能の習得に加えて思考力・判断力・表現力等を育成するため、知識・技能を活用する学習活動や課題探究型の学習、協働的学びなどをデザインできる指導力）、教科指導、生徒指導、学級経営等を的確に実践できる力」の3点が指摘されています。

　最後に、「③総合的な人間力」については、「豊かな人間性や社会性、コミュニケーション力、同僚とチームで対応する力、地域や社会の多様な組織等と連携・協働できる力」と説明されています。

　その他、同答申は教員免許制度の改革の方向性についても触れており、「一般免許状（仮称）」「基礎免許状（仮称）」の創設および「専門免許状（仮称）」の創設について述べられています。

「一般免許状（仮称）」は、現在の「専修免許状」に該当するものであり、「探究力、学び続ける力、教科や教職に関する高度な専門的知識、新たな学びを展開できる実践的指導力、同僚と協働して困難な課題に対応する力、地域との連携等を円滑に行えるコミュニケーション力を有し、教科指導、生徒指導、学級経営等を的確に実践できる力量を保証する、標準的な免許状」と説明されています。

「基礎免許状（仮称）」は、現在の「一種（および二種）免許状」に該当するものであり、「教職への使命感と教育的愛情を持ち、教科に関す

第3節　法令改正、国の審議会の状況等　　169

る専門的な知識・技能、教職に関する基礎的な知識・技能を保証する」
と説明されています。

「専門免許状（仮称）」は、「学校経営、生徒指導、進路指導、教科指導
（教科ごと）、特別支援教育、外国人児童生徒教育、情報教育等特定分野
に関し、実践を積み重ね、更なる探究をすることにより、高い専門性を
身に付けたことを証明する」と説明されています。

　教職生活全体を通じて、実践的指導力等を高めるとともに、社会の急
速な進展の中で、知識・技能については常に刷新が必要であることから、
教員が探究力を持ち、学び続ける存在でなければならないことは明らか
です。先生方、共に「学び続け」ようではありませんか。

【参考文献】
●『教師論──共生社会へ向けての教師像──』川野辺敏・白鳥絢也　福村
出版（2013）
●『新教育原理・教師論』佐々木正治　福村出版（2008）
●『教職概論　第3次改訂版　教職を目指す人のために』佐藤晴雄　学陽書
房（2010）

第**4**節

学校組織の一員としてのマネジメント・マインドの形成

伊東　健

星槎大学非常勤講師。神奈川県の公立高等学校長を経て現職。生徒指導等の教職科目の他、宗教論を担当。

1 ┊ そもそも「マネジメント」とは

　2010年の流行語となった"もしドラ"。基になった書籍「もし高校野球の女子マネージャーがドラッカーの『マネジメント』を読んだら」（岩崎夏海、ダイヤモンド社、2009）は、累計270万部を超えるミリオンセラーとなっています。「マネジメント」について小説仕立てで紹介したこの書籍がベストセラーになったことは、どのような組織においても「マネジメント」が重要であることを示しているのではないでしょうか。

　英語の management の日本語訳としては、「取扱い」や「管理」、「経営」などがあります。しかし、カタカナで「マネジメント」といった場合、多様な意味を表すため、混乱を生んでいるともいわれています。まず、マネジメントの意味を確認しておきましょう。

　経営の分野では、マネジメントは「組織（会社など）の目的を能率的

に達成するために、組織の維持・発展を図ること」とされています。日本的な「以心伝心」や「あうんの呼吸」といった形ではなく、課題や方法をはっきりと示すやり方といえるでしょう。

　一般的な経営管理論では、マネジメントされるべき対象は「ヒト」「モノ」「カネ」「情報」の4つとされています。企業・組織は、これら4つのリソース（資源）を有効に活用し、経営効率を最大化させるためにあるといわれています。中でも「ヒト」（人）は、最も重要な経営資源であるとともに、最も複雑な要素でもあります。

　教育の場においても、児童生徒・保護者・地域住民・教員同士といった人間関係が中心となります。人間関係を重視してコミュニケーションを活用する「マネジメント・マインド」が大切なものとなることは当然でしょう。教職員は、同僚や地域の人々とのパイプ役として、またチームの要として活躍することが期待されています。ですから、このマネジメントの基本的な知識を学び、自らの力で組織の一員、あるいはリーダーとして、どのような働き方をしなければいけないのかを考え、身に付けていかなければなりません。

2 ┊「学校組織マネジメント」とは何か

　では、「学校組織マネジメント」とは何でしょう。文部科学省組織研修カリキュラム等開発会議において、学校組織マネジメントは「学校の有している能力・資源を開発・活用し、学校に関与する人たちのニーズに適応させながら、学校の教育目標を達成していく過程（活動）」と定義しています。

　さらに、文部科学省では、2013年度「学校の総合マネジメント力の強化に関する調査研究」を行いましたが、その「事業の趣旨」には次のように書かれています。

172　┊　第3章　選択必修領域

保護者や地域住民の力を学校運営に生かす「地域とともにある学校づくり」により、子どもが抱える課題を地域ぐるみで解決する仕組みづくりや、質の高い学校教育の実現を図ることが求められている。

　このため、コミュニティ・スクール（学校運営協議会制度）の拡大や実効性ある学校評価の実施の促進、学校裁量権拡大の促進などの取組を推進することが求められるとともに、「地域とともにある学校づくり」に必要な学校のマネジメント力の強化を図るため、マネジメント力をもった管理職・教職員の育成と配置、地域連携のためのコーディネート機能や事務機能の強化等を促進することが期待される。

　学校の自主性・自律性を高め、保護者や地域に開かれ信頼される学校づくりを進めていくため、学校のマネジメント力の強化に関する調査研究を研究機関に委託実施し、その成果を全国に普及することにより、学校運営の改善に資することとする。

　つまり、学校という組織体を内外の環境に適応するように変化させる必要があるのです。学校の内外環境を的確に把握し、学校をそれに合わせて適応させていくための技術が「学校組織マネジメント」であるといえるでしょう。

3 学校に組織マネジメントが必要な理由

　現在の学校に「組織マネジメント」が必要なのはなぜでしょう。

　1つは、学校も企業などと同じく「組織」であるということです。すべての組織は社会的な存在であり、目的を持ち、目標によって前に進ん

第4節　学校組織の一員としてのマネジメント・マインドの形成　　173

でいきます。また、組織は、内部環境（※1）だけではなく、外部環境（※2）とオープンに結びついています。さらに、人のコミュニケーションを通じた協働が前提となっていることも忘れてはいけません。

　もうひとつは、学校という組織も急激な社会変化に対応していく中で、進化・発達（退化・淘汰）を続けざるを得ないからです。

　例えば、教職員の高齢化により、体力的に子どもに即応できなくなる、興味・関心が減退するといったことがあります。また、多忙により教職員間のコミュニケーションが断絶し、孤立化しているという問題もあります。そのために、不安とストレスが蔓延し、「疲労する人々」の集団を生んでいるのではないでしょうか。このままでは、これまでのスキルの継承、協働への意思、多様性（異質さ）の承認を失った組織文化になりかねない状況があります。

（※1）①人的資源・ネットワーク資源（児童生徒、教職員、保護者、PTAなど）②物的資源・資金的資源（校舎、グランド、教材・教具、学校予算など）③情報的資源（カリキュラム、行事、教育方法、校務分掌、校風・伝統など）
（※2）同窓会、地域住民、自治体、各種公共施設、他校、教育委員会、交通、地域の産業、自然・風土、歴史・文化など。

4 ┊ 学校が組織として機能するためには

　私が教員になった今から50年前には、職員室で教員同士が、個々の児童生徒の問題や指導方法などを話し合う風景がよく見られました。冬の夕刻には、スルメを焼き、酒を酌み交わしながらの「ストーブ談議」をしたものです。宿直となった教職員同士の夜を徹しての指導をめぐる激論、先輩教職員からの指導・助言が行われていました。そんな時代には、

学校の組織をマネジメントするというような発想はありませんでした。

　しかし、いまは宿直制もありません。いつからか、教職員同士が本音を語るような場や機会が学校からどんどん消えていきました。教職員は目の前の問題に追い立てられ、その処理だけで手一杯となり、焦燥感や多忙感を募らせて、疲れきっているように見えます。

　他方、教職員の多くは車で通勤するため、自らの校区ですら通り過ぎるだけになっています。そのため、街角で保護者や地域の古老と立ち話をし、情報を交換することも少なくなりました。コミュニケーションの断絶はますます増えるばかりです。

　もし学校が閉じられた組織（自己の経験のみを絶対視する組織）となってしまうと、自分たちの"直接"の経験のみを信用するあまり、「ほとんどの問題が、すでに何らかの形で経験済み」との思い込みや自信の高まりが形成され、変化に対応できないなどの弊害が生じます。

　そこで、学校組織マネジメントは、以下に挙げるようなことを目指さなければなりません。

●理解を深め納得するコミュニケーション
・「やらされ仕事」や「納得のいかない仕事」は疲労感、多忙感が募るので、避ける。
・「状況の理解と納得」が人々の内発的な活動を喚起するので、それを大切にする。
●「疑い」を生みにくい組織文化と正当な自己評価
・時には自己の属する組織の過ちや問題を公表することも、評価として必要となる。
・正当な自己評価をすることで、自分の組織の存在意義を確認する。

5 ｜ 学校マネジメントの具体的な手法

(1) 従来の学校経営観との違い

　従来の学校経営観と比較すると、学校組織マネジメントではプロセスが重視されます。すなわち、Plan（計画）、Do（実行）、Check（評価）、Action（改善）のマネジメントサイクル（PDCAサイクル）を明確に意識し、その流れを円滑に行う技術や方策、進むべき方向性や目指すところを、よりはっきりと示さなければなりません。

(2) 学校の内外の環境の把握

　学校の教育目標を達成するためにも、その前提となる学校の内外の環境のありようを把握することは不可欠です。そのための手法の1つにSWOT（スウォット）分析があります。学校の内部で主体的に活用できる「強み（Strength）」と「弱み（Weakness）」を明らかにするとともに、学校を取り巻く外部環境を「機会（Opportunity）」や「脅威（Threat）」に分類・整理し、自分の学校の発展のための青写真を描き、実践していくことが大切な手順となってくるのです。

　その中で、活用の仕方によってはマイナス面がプラスになることもあります。ですから、より当事者の発想や工夫が求められるのです。試しに、皆さんの学校の「S（強み）」「W（弱み）」「O（機会）」「T（脅威）」をいくつか書き出してみましょう。

(3) 組織力の大切さ

　従来の学校づくり論では、個々の教職員やリーダーの資質や能力に頼る部分がありました。人間のすることですから、そういうことがあっても仕方ありませんが、人事異動によって状況に大きな変化が生じるのは

176　　第3章　選択必修領域

好ましくありません。ですから日常から「組織として機能する力の強い学校」であることがより望ましいといえるでしょう。校務分掌において、目先の効率だけでなく、教職員の1人1人の能力を引き出していくことが重要な課題となっています。

(4) 地域との協働態勢をつくる

　学校において、組織マネジメントを展開する際に、学校内の「人的資源」「物的資源」「情報資源」だけでなく、学校の外にある「ネットワーク資源」を開発・活用することが大切です。当然のことながら、この「ネットワーク資源」は、学校からの働き掛けによって初めて経営資源になります。学校側からの積極的な情報公開、必要に応じたピンポイントの要請、日頃の人間関係の構築が不可欠です。例えば、「職業体験」の実施に当たって、地域に対して、目的、日程、学校が求める業種等の情報を広範囲に広報し、教員自ら商店街や企業を回り、協力を要請します。そのためには、日頃から地域の人々、組織と対話し、信頼関係を築いておく必要があります。

6 ┆ 学校評価を活用した学校組織マネジメント

　2008年、「学校評価」の義務化が行われました。2010年には、第三者評価に関する内容が追加された改訂版の「学校評価ガイドライン」も出されました。もちろん、学校評価は単に実施すればいいというものではありません。あくまでも学校の教育目標を達成するための学校組織マネジメントの道具として活用すべきなのです。学校評価は、下記のPlan（計画）、Do（実行）、Check（評価）、Action（改善）のマネジメントサイクル（PDCAサイクル）によるプロセスのひとつにしか過ぎないのです。

第4節　学校組織の一員としてのマネジメント・マインドの形成　　177

- 学校の教育目標を設定する
- その目標の達成度を検証する
- それぞれの状況の過程での適切さを検証する
- 良かったところはさらに伸ばし、改善が必要なところは改善する

　このような取り組みがすべてなされてこそ、本来の効果が表れます。ただ「学校の特色づくり」や「開かれた学校づくり」のためだけに学校評価が行われるというような時代は、もうすでに過ぎ去っているといえるでしょう。そのような外向きの学校目標から、それぞれの学校の切実な課題を取り上げ、みんなで建設的な努力を重ね、お互いに努力をたたえ合えるような関わりが求められています。

　なお、文部科学省のホームページには「学校運営の改善の在り方に関する取組」調査研究事業の報告書がアップされており、「実効性の高い学校評価の推進及び学校マネジメントの体制整備に関する調査研究」「地域とともにある学校づくり、学校からのまちづくりの推進に関する調査研究」が読めますので、一読をお勧めします。

第**5**節

対人関係、日常的コミュニケーションの重要性

天野一哉

1 ┊ コミュニケーションとは

"This is President Kennedy communicating with Secretary Khrushchev!"（「ケネディ大統領はフルシチョフ書記とコミュニケーションをしているんだ」筆者意訳）

これはキューバ危機を描いた映画『13デイズ』（ロジャー・ドナルドソン監督、2000）の一場面、不用意にソ連船に照明弾を発射した海軍提督をディラン・ベイカー演じるロバート・マクナマラ国防長官が語気を荒らげて叱責するシーンのセリフです。アメリカによるキューバ近海の海上封鎖の、まさに一触即発の状況の中、米ソ両国のほんのわずかな一挙手一投足が核戦争の引き金になりかねないことを「communicate」という言葉を用いて見事に言い表しています。この「communicate」の名詞形が「communication」です。

他方、多くの企業が人材採用に当たって最も重視するのは「コミュニケーション能力」だといわれています。

　では、いまや日本語ともなっている「コミュニケーション」とは、そもそもいったい何でしょう。皆さんは、どのような意味で「コミュニケーション」という言葉を使っているでしょうか。

　研究社の『新英和中辞典』では「communication」は「言葉・記号・身ぶりなどによる伝達過程」と説明されています。『広辞苑』第六版には「コミュニケーション」とは「社会生活を営む人間の間に行われる知覚・感情・思考の伝達（一部抜粋）」と記述されています。つまり広い意味で「情報の伝達」ということでしょう。

　「コミュニケーション」の語源は、「共同の」「共有の」「公共の」「共通」「共感」を意味するラテン語の「communis（コミュニス）」です。実は「コミュニティ（共同体、地域）」も同じく「communis」が語源です。

　このことから考えると「コミュニケーション」は単なる「情報の伝達」という「手段」を超えて、他者と関係性を持ち、社会を形成する“人間の営み”そのもの、あるいは「目的」として捉えるべきでしょう。とすると「コミュニケーション」は、教育の営み、学習の営みそのものともいえます。

2 ┊ コミュニケーション能力とは

　では、その「コミュニケーション」をするために必要な資質能力、「コミュニケーション能力」とは、どのようなものでしょうか。

　文部科学省は「生きる力」について、3つの柱を挙げています。その1つ「豊かな人間性」を「自らを律しつつ、他人とともに協調し、他人を思いやる心や感動する心など」と説明しています。「他人とともに協調し、他人を思いやる」は、まさに「コミュニケーション能力」の根幹

といえるでしょう。

これにより、新学習指導要領（2011）には「言語活動の充実」が盛り込まれました。この改訂の前提となっている「中央教育審議会」の2008年の答申は、「言語は知的活動（論理や思考）の基盤であるとともに、コミュニケーションや感性・情緒の基盤でもあり、豊かな心を育む上でも、言語に関する能力を高めていくことが重要」と指摘しています。

また、文部科学省はキャリア教育において「職業的（進路）発達にかかわる諸能力（4領域・8能力）」を策定し、「人間関係形成能力」を以下のように規定しています。

・自他の理解能力（自己理解を深め、他者の多様な個性を理解し、互いに認め合うことを大切にして行動していく能力）
・コミュニケーション能力（多様な集団・組織の中て、コミュニケーションや豊かな人間関係を築きなから、自己の成長を果たしていく能力）

経済産業省でも「職場や地域社会で多様な人々と仕事をしていくためにで必要な基礎的な能力」として、「社会人基礎力」なる能力概念を以下のように定義しています。

●前に踏み出す力（アクション）
・主体性（物事に進んで取り組む力）
・働きかけ力（他人に働きかけ巻き込む力）
・実行力（目的を設定し確実に行動する力）
●考え抜く力（シンキング）
・課題発見力（現状を分析し目的や課題を明らかにする力）
・計画力（課題の解決に向けたプロセスを明らかにし準備する力）

第5節　対人関係、日常的コミュニケーションの重要性　181

- 創造力（新しい価値を生み出す力）
- ●チームで働く力（チームワーク）
- 発信力（自分の意見をわかりやすく伝える力）
- 傾聴力（相手の意見を丁寧に聴く力）
- 柔軟性（意見の違いや立場の違いを理解する力）
- 状況把握力（自分と周囲の人々や物事との関係性を理解する力）
- 規律性（社会のルールや人との約束を守る力）
- ストレスコントロール力（ストレスの発生源に対応する力）

　これらの資質能力は、広義にはすべて「コミュニケーション」と関わっていますが、特に「チームで働く力（チームワーク）」の「発信力（自分の意見をわかりやすく伝える力）」「傾聴力（相手の意見を丁寧に聴く力）」「柔軟性（意見の違いや立場の違いを理解する力）」「状況把握力（自分と周囲の人々や物事との関係性を理解する力）」は、より直接的な「コミュニケーション能力」といえるでしょう。

　これら「生きる力」や「社会人基礎力」は世界的にも共通しています。国際的な学力調査であるPISA（Programme for International Student Assessment）を実施しているOECD（Organisation for Economic Co-operation and Development：経済協力開発機構）は「キー・コンピテンシー（Key Competencies）」という能力基準を提起しています。これは、21世紀の社会を展望し、それまでの「欧米の能力観」を精選したもので、21世紀の全ての個人にとって重要な「鍵」となる「資質能力」のことを指しています。文科省はこれを「主要能力」と訳しています。

- 「道具を相互作用的に用いる（Using Tools Interactively）」。「道具」とは、言語、記号、知識、テクスト、情報、テクノロジーなどを指し、「相互作用的」とは、単に「道具」を受動的に用いる

だけではなく、それを応用し、創造する「積極的な対話」という意味で使われている。「活用のキー・コンピテンシー」

・「異質な集団で交流する(Interacting in Heterogeneous Groups)」。これは、他者と良好な関係をつくる、チームで協力する、争いを処理し解決する、などの要素で構成される。この「交流(Interacting)」は「他者」という言葉からもわかるように、人種や民族、国家という文化的、政治的「異質性」のみではなく、個人と個人の人間関係の構築をも意味している。「関係性のキー・コンピテンシー」

・「自律的に行動する（Acting Autonomously)」。このコンピテンシーは、大きな展望のなかで行動する、人生計画や個人的プロジェクトを設計し実行する、権利・利害・限界・ニーズを擁護し主張する、などの内容を持つ。「自律のキー・コンピテンシー」

　これも、より直接的には「異質な集団で交流する」が「コミュニケーション能力」といえますが、1つの資質能力が独立して存在するわけではなく、他のカテゴリーと相互関連的に発揮されるものですから広い意味では「キー・コンピテンシー」全てが「コミュニケーション能力」と捉えることができるでしょう。

3 ┊「コミュニケーション能力」を養う

　それではこれらの「コミュニケーション能力」をどのように育てていけばいいのでしょう。前述の「中央教育審議会」の2008年の答申には以下のような学習活動が例示されています。

第5節　対人関係、日常的コミュニケーションの重要性　┊　183

(1) 体験から感じ取ったことを表現する

(例)・日常生活や体験的な学習活動の中で感じ取ったことを言葉や歌、絵、身体などを用いて表現する

(2) 事実を正確に理解し伝達する

(例)・身近な動植物の観察や地域の公共施設等の見学の結果を記述・報告する

(3) 概念・法則・意図などを解釈し、説明したり活用したりする

(例)・需要、供給などの概念で価格の変動をとらえて生産活動や消費活動に生かす

・衣食住や健康・安全に関する知識を活用して自分の生活を管理する

(4) 情報を分析・評価し、論述する

(例)・学習や生活上の課題について、事柄を比較する、分類する、関連付けるなど考えるための技法を活用し、課題を整理する

・文章や資料を読んだ上で、自分の知識や経験に照らし合わせて、自分なりの考えをまとめて、Ａ４・１枚（1000字程度）といった所与の条件の中で表現する

・自然事象や社会的事象に関する様々な情報や意見をグラフや図表などから読み取ったり、これらを用いて分かりやすく表現したりする

・自国や他国の歴史・文化・社会などについて調べ、分析したことを論述する

(5) 課題について、構想を立て実践し、評価・改善する

(例)・理科の調査研究において、仮説を立てて、観察・実験を行い、その結果を整理し、考察し、まとめ、表現したり改善したりする

・芸術表現やものづくり等において、構想を練り、創作活動を行い、その結果を評価し、工夫・改善する

(6) 互いの考えを伝え合い、自らの考えや集団の考えを発展させる

(例)・予想や仮説の検証方法を考察する場面で、予想や仮説と検証方法を討論しながら考えを深め合う

・将来の予測に関する問題などにおいて、問答やディベートの形式を用いて議論を深め、より高次の解決策に至る経験をさせる

　これを受け、文科省では「芸術表現体験活動を取り入れたワークショップ型の授業」を推奨しています。同省の「コミュニケーション教育推進会議」はコミュニケーション能力を、「いろいろな価値観や背景をもつ人々による集団において、相互関係を深め、共感しながら、人間関係やチームワークを形成し、正解のない課題や経験したことのない問題について、対話をして情報を共有し、自ら深く考え、相互に考えを伝え、深め合いつつ、合意形成・課題解決する能力」と捉え、学校教育において育むために必要なこととして、以下のことを挙げています。

1．自分とは異なる他者を認識し、理解すること

2．他者認識を通して自己の存在を見つめ、思考すること

3．集団を形成し、他者との協調、協働が図られる活動を行うこと

4．対話やディスカッション、身体表現等を活動に取り入れつつ正解のない課題に取り組むこと

　一方、「キー・コンピテンシー」の基となっている欧米の教授法のスタンダードの1つに「プロジェクト・ベースド・ラーニング（PBL）」があります。「プロジェクト学習」は、デューイの子どもの興味・関心

第5節　対人関係、日常的コミュニケーションの重要性

から社会や生活を重視し学ぶ児童中心主義・経験主義の教育理念に基づいています。これを基にキルパトリックが、学習目的の設定、学習計画の立案、調査考察等の学習遂行、評価の４段階の過程を経て、学習者が主体的に課題を解決する学習形態である「プロジェクト・メソッド」を考案しました。

「PBL」は、「プロジェクト・メソッド」を21世紀の現代社会に適する形に改良したものです。学習の出発点に子どもの興味、関心と共に「必要性（知識や資質能力）」を加え、教員や学習メンバーとの「対話」によりプロジェクトを進行し、広義の「学力」を伸ばす学際的探究型の学習技法です。

例えば、筆者の大学等の授業では、「問題発見・課題設定」「学習企画の立案」「調査・分析」「プレゼンテーション」「レポート執筆」「行動（実践）」等のプロジェクトの進行に応じて、「カンファレンス（対話）」と「省察（振り返り）」を挟み、その中に「説明（発信）」「賞賛（受容）」「質疑応答」「批判と助言」のパートを段階的に追加していく形で「コミュニケーション能力」の伸長を図っています。

前に述べたように「キー・コンピテンシー」は便宜上、３つのカテゴリーで説明されていますが、別々の資質能力ではなく、有機的に結び付いています。ですから「活用」「関係性」「自律」の「キー・コンピテンシー」を総合的に学び、実践できる「PBL」は「コミュニケーション能力」の育成に非常に適しています。「PBL」「キー・コンピテンシー」については拙著『中国はなぜ「学力世界一」になれたのか―格差社会の超エリート教育事情』（中央公論新社、2013）を参照してください。

4 ┊ 目的性と本質性

先に「コミュニケーション」を「他者と関係性を持ち、社会を形成す

る"人間の営み"そのもの、『目的』として捉えるべきでしょう」と書きました。では、その目的とは何でしょう。OECD は「キー・コンピテンシー」の目的を「人生の成功（a Successful Life）」と「適正に機能する社会（a Well-Functioning Society）」として、次のように解説しています。

「人生の成功」

- 経済的地位と経済資源（有給雇用、収入と財産）
- 政治的権力と政治力（政治的決定への参画、利益集団への加入）
- 知的資源（学校教育への参加、学習基盤の利用可能性）
- 住居と社会基盤（良質の住居、居住環境の社会的基盤）
- 健康状態と安全（自覚的・他覚的健康、安全性の確保）
- 社会的ネットワーク（家族と友人、親戚と知人）
- 余暇と文化的活動（余暇活動への参加、文化活動への参加）
- 個人的満足と価値志向（個人的満足感、価値志向における自律性）

　これは西欧的な生存権を中核とした人権、しかも20世紀的基本的人権よりも一歩踏み込んだ、いわば「21世紀的"発展的"人権」と解釈できます。

「適正に機能する社会」

- 経済生産性
- 民主的プロセス
- 連帯と社会的結合（社会関係資本）
- 平和と人権
- 公正・平等・差別感のなさ
- 生態学的持続可能性

第5節　対人関係、日常的コミュニケーションの重要性

これも西欧的な民主社会、それも20世紀的な民主社会というよりも、近年、さまざまな学問領域で注目を集めている「信頼関係、規範、ネットワーク」などの人間関係や社会的組織を意味する「社会関係資本（Social capital）」という概念を用いていることから「21世紀的"共生"社会」とでも呼ぶべき新しい社会を想定していると考えられます。

　またドイツの社会哲学者ハーバーマスは、権力や貨幣などの何らかの「力」によって意思決定に影響を及ぼす「戦略的行為」とは別に、自己の考えや意思に対して、他者の自由な納得と承認を求める行為を「コミュニケーション的行為」といっています。この「コミュニケーション的行為」の条件として、発言の内容の「真理性（事実）」「規範の正当性（強制ではない）」「主観の誠実性（正直な気持ち）」の3つを挙げています。

　上の目的や条件（本質）は一例ですが、これらを欠いた技術のみの「コミュニケーション能力」教育は、「不用意にソ連船に照明弾を発射した海軍提督」（海上封鎖という局地的な軍事的戦術には誤りはないが「世界」の全体像が見えていない）のように、当該分野の知識やスキルにはたけているが根本と末梢の区別がつかない視野の狭い人間をつくってしまう可能性があります。「コミュニケーション学習」の須要は、この目的性と本質性、さらに「PBL」で挙げた総合性にあります。

188　　第3章　選択必修領域

【参考文献】

● 「新卒採用に関するアンケート調査結果公表 ―『コミュニケーション能力』が１位／選考時重視の要素で10年連続」〈「週刊経団連タイムス」2014.1.9 No.3161〉所収

● 文部科学省「高等学校キャリア教育の手引き」（2011.11）

● 調査研究報告書「児童生徒の職業観・勤労観を育む教育の推進について」国立教育政策研究所生徒指導研究センター

● 経済産業省「社会人基礎力に関する研究会―中間取りまとめ―」（2006.1）

● コミュニケーション教育推進会議 審議経過報告「子どもたちのコミュニケーション能力を育むために～『話し合う・創る・表現する』ワークショップへの取組～」（2011.8）

●『中国はなぜ「学力世界一」になれたのか―格差社会の超エリート教育事情』天野一哉 中央公論新社（2013）

●『キー・コンピテンシー―国際標準の学力をめざして』ドミニク・S・ライチェン、ローラ・H・ザルガニク 明石書店（2006）

●『コミュニケーション的行為の理論（上・中・下）』コルゲン・ハーバーマス 未來社（1985-87）

第5節 対人関係、日常的コミュニケーションの重要性 189

第6節

学校内外の安全確保

福島 紘

星槎大学特任教授。学校心理士。小学校教師を経て現職。専門は国語教育、国語科単元学習の構成等。

1 学校をめぐる危機事情

　学校は、子どもたちにとって「安全・安心」な場所でなければなりません。また、実際に安全・安心な場所と考えられてきました。しかし現実には、2011年の東日本大震災などの自然災害や、2001年に大阪府池田市の小学校で起きた児童教師殺傷事件のような、痛ましい出来事が起こっています。さらに、登下校時も含めた学校管理下での事故、感染症の発生、いじめ、不登校、自殺、校内暴力、給食での食物アレルギー事故、教職員の不祥事など、学校は危機と隣り合わせにあると言わざるを得ない状況に置かれています。

　児童・生徒を預かる教職員は、これらさまざまな災害や事件・事故などの危機的な事案から児童・生徒を守りつつ、学校教育を充実させなければなりません。それに加えて子どもたちの危機回避能力や危機対応能

力の育成も課題です。学校をめぐる危機的な事案を予防し、回避し、また適切に対処して、子どもたちの「安全・安心」を確保するために、「危機に強い学校づくり」が求められています。

2 法制化への歩み

（1）中央教育審議会の答申

こうした考えを受けて2008年1月、中央教育審議会から「子どもの心身の健康を守り、安全・安心を確保するために学校全体としての取組を進めるための方策について（答申）」が出されました。この答申は、「Ⅰ　子どもの健康・安全を守るための基本的な考え方」「Ⅱ　学校保健の充実を図るための方策」「Ⅲ　学校における食育の推進を図るための方策」「Ⅳ　学校安全の充実を図るための方策」という内容から構成されています。とりわけ、「Ⅳ　学校安全の充実を図るための方策」では「セーフティプロモーション」の考え方を取り入れ、包括的な安全を推進する観点から以下の4点にまとめられています。

①子どもの安全を守るため、学校における危機管理は不可欠の課題である。

②全ての行政分野の連携を図りつつ犯罪の起こりにくい安全・安心なまちづくりを進めるとともに子どもの安全確保のため学校、家庭、地域社会それぞれの役割を明確にして取り組むことが重要である。

③学校における安全管理体制に関して、総合的な安全計画や緊急時における対処要領の策定など子どもの安全確保を重視した学校の管理運営がなされるよう関係法規の整備に向けて検討する必要が

第6節　学校内外の安全確保　191

ある。また、学校安全に関する教職員の研修等を充実する必要が
ある。
④家庭や地域社会、防犯の<u>専門機関との連携</u>を図りつつ、学校の安
全管理体制を確立する必要がある。

この答申で注目されるのは、次の諸点です。

i 「学校全体として」という考えです。従前、学校における道徳
教育や体育・健康に関する指導については、「学校教育活動全体
を通じて」行っていましたが、本答申では管理的内容を含む学校
保健・学校安全についても「学校全体として」取り組むこととし、
「学校保健・安全」の推進がより強調されています。
ii 「セーフティプロモーション」という考え方です。これは、W
HOから提案されている、「『傷害をもたらす事故、犯罪被害や虐
待を含む暴力、自殺を含む自傷行為等』の『防止』を、地域・行
政・住民組織などの仕組みを『横につなぎ』、関係する人々すべ
ての参加を可能にし、科学的根拠に基づいて対策を計画的に行
い、評価する。」という考え方を取り入れています。
iii これまで、さまざまな通知で示されていた学校安全や学校保健
に関する内容を時代の変化に合わせて改善し、「法制化」を目指
しています。

(2)「学校保健安全法」の公布

前記中教審答申の考えを受けて、2009年4月、「学校保健法」が「学
校保健安全法」に改題され、第3章に学校における安全管理に関する条
項が加えられました。次に「学校保健安全法」の第3章「学校安全」の
内容を見てみましょう。

192 第3章 選択必修領域

第3章　学校安全

（学校安全に関する学校の設置者の責務）

第26条　学校の設置者は、児童生徒等の安全の確保を図るため、その設置する学校において、事故、加害行為、災害等（中略）により児童生徒等に生ずる危険を防止し、及び事故等により児童生徒等に危険又は危害が現に生じた場合（〈中略〉「危険等発生時」という。）において適切に対処することができるよう、当該学校の施設及び設備並びに管理運営体制の整備充実その他の必要な措置を講ずるよう努めるものとする。

　第26条では、「学校の設置者（教育委員会）の責務」を明確にすることによって、学校と教育委員会の連携を強め、前記ⅱの「地域・行政・住民組織などの仕組みを『横につなぎ』……」というセーフティプロモーションの考えが反映されています。

（学校安全計画の策定等）

第27条　学校においては、児童生徒等の安全の確保を図るため、当該学校の施設及び設備の安全点検、児童生徒等に対する通学を含めた学校生活その他の日常生活における安全に関する指導、職員の研修その他学校における安全に関する事項について計画を策定し、これを実施しなければならない。

　第27条では、学校に「学校安全計画」の策定を義務付けることによって、前記ⅰの「『学校全体として』取り組むこと」が強調されています。

（学校環境の安全の確保）

第28条　校長は、当該学校の施設又は設備について、児童生徒等の安全の確保を図る上で支障となる事項があると認めた場合には、遅滞なく、その改善を図るために必要な措置を講じ、又は当該措置を講ずることができないときは、当該学校の設置者に対し、その旨を申し出るものとする。

　第28条では、校長に「学校環境の安全の確保」を義務付けることによって、前記ⅰの「『学校全体として』取り組むこと」を強調すると同時に、必要な措置を講ずることができない場合には「教育委員会に申し出ること」を義務付け、前記ⅱの「地域・行政・住民組織などの仕組みを『横につなぎ』……」という考えを強調しています。

（危険等発生時対処要領の作成等）
第29条　学校においては、児童生徒等の安全の確保を図るため、当該学校の実情に応じて、危険等発生時において当該学校の職員がとるべき措置の具体的内容及び手順を定めた対処要領（次項において「危険等発生時対処要領」という。）を作成するものとする。
２　校長は、危険等発生時対処要領の職員に対する周知、訓練の実施その他の危険等発生時において職員が適切に対処するために必要な措置を講ずるものとする。
３　学校においては、事故等により児童生徒等に危害が生じた場合において、当該児童生徒等及び当該事故等により心理的外傷その他の心身の健康に対する影響を受けた児童生徒等その他の関係者の心身の健康を回復させるため、これらの者に対して必要な支援を行うものとする。この場合においては、第10条の規定を準用する。

第29条では、学校に「危険等発生時対処要領の作成」を義務付けたり、校長に「職員への周知」を義務付けることによって、前記 i の「学校全体として」の取り組みを強調すると同時に、危険等発生時の支援について、第10条（地域の医療機関等との連携）を準用することによって、前記 ii の「地域・行政・住民組織などの仕組みを『横につなぎ』……」という考えが強調されています。

> **（地域の関係機関等との連携）**
> **第30条** 学校においては、児童生徒等の安全の確保を図るため、児童生徒等の保護者との連携を図るとともに、当該学校が所在する地域の実情に応じて、当該地域を管轄する警察署その他の関係機関、地域の安全を確保するための活動を行う団体その他の関係団体、当該地域の住民その他の関係者との連携を図るよう努めるものとする。

第30条では、学校に「地域の関係機関等との連携」を示すことによって、前記 ii の「地域・行政・住民組織などの仕組みを『横につなぎ』……」という考えが強調されています。

3 危機に強い学校

「危機に強い学校づくり」は、「危機の視点から見た学校組織マネジメント」です。教職員一人一人がマネジメントマインドをもつことによって達成することができます。

(1) 危機の考え方

「危」という漢字は、人が崖の上にいるさまと、人が恐れひざまずいて

いるさまとで「あやぶむ」「あやうい」という立ち往生の状態を表しています。
　一方、英語では、危機をクライシスといいます。この語源は、ギリシャ語のクリシス、クリネインに由来しています。これは、分岐点、分離という意味です。つまり、ある危機に出合ったとき、そこで自分自身が責任をもって自分の道を選び取る状況と解せます。危機への対し方の姿勢の違いがうかがえます。

(2) クライシスマネジメントとリスクマネジメント

　このように考えると、「クライシスマネジメント」は事件や事故などの危機が起こった場合の緊急時対応に重点が置かれています。万一の危機を想定し、被害や周りへの波及などのダメージをいかに少なく解決するかという発想です。
　これに似た「リスクマネジメント」という言葉があります。これは、危機が起きないようにする「事前の予防対策」や「事後の復旧対策」までを含んだ一連の組織的活動を指します。「クライシスマネジメント」と「リスクマネジメント」との関係は次のようになります。

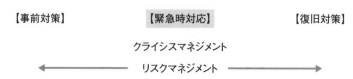

出典：『学校の危機管理 最前線―危機発生！そのとき何が起こり、学校はどう動く？』阪根健二編　教育開発研究所（2009）

　中央教育審議会の答申に示された子どもの安全を守るための次のような３段階の危機管理も「リスクマネジメント」の考えと重なるところが大きいのです。

> ⅰ 安全な環境を整備し、事件・事故の発生を未然に防ぐための「事前の危機管理」
>
> ⅱ 事件・事故の発生に適切かつ迅速に対処し、被害を最小限に抑えるための「発生時の危機管理」
>
> ⅲ 危機がいったん収まった後、心のケアや授業再開など通常の生活の再開を図るとともに、再発の防止を図る「事後の危機管理」

　学校における危機管理を考える場合、緊急時対応と同時に、予防を含む事前対策から事後の復旧対策までを視野に入れることが必要です。

(3) 危機に強い学校の条件

①教職員が高い危機意識をもっていること

　他の学校で起きたことは、自分の学校でも起こり得ると認識することから出発しましょう。新聞やテレビで報じられるニュース等を敏感にキャッチし、「なぜ、こうした事故が起きてしまったのか」「どうすれば回避できたのか」を考える習慣をもつようにします。「まさか」ではなく「もしかしたら」の気持ちをもって日常の教育活動に当たります。このとき、「ハインリッヒの法則」の考えも参考にしたいところです。それは、「1」つの大事故の前には、「29」の小事故と「300」のヒヤリとする出来事が起こっているというものです。

「気掛かり」に感じた情報は、管理職も含めた教職員間の話題として共有するようにしましょう。情報の遅滞は、危機への対応を左右します。情報を共有し合う場は、朝の職員打ち合わせの1分間、職員会議の議題、年間計画に位置付けた校内研修などというように、各学校での工夫を期待します。研修には、全教職員が参画し、ニュースや実例を持ち寄って学び合うワークショップ型の「危機管理研修」が適切です。

第6節　学校内外の安全確保　197

②危機管理の体制づくりと整備を図っていること

> i 「学校安全計画」が策定されており、内容として、「安全教育に
> 関する事項」「安全管理に関する事項」「安全に関する組織活動」
> の３つの事項が挙げられている。
> ii 「危険等発生時対処要領」が策定されており、緊急時に具体的
> に対応できるよう必要事項や手順が明確に示されている。
> iii 「学校安全計画」「危険等発生時対処要領」の内容が全職員に周
> 知され、組織的な取り組みが効果的に行えるよう研修がなされて
> いる。
> iv マニュアルに基づく訓練とその結果を基にマニュアルの更新が
> なされている。マニュアルの作成は、作成すること自体が目的化
> されると生きて働くものにはならない。
> v 教育委員会や関係諸機関との連携を図っている。

出典:『学校の危機管理 最前線─危機発生！ そのとき何が起こり、学校はどう動く？』阪根健二編
教育開発研究所（2009）

　教育委員会とは、危機対応を含む危機管理体制について日頃から連携
し、指導助言を受けておきましょう。また、校内の懸案事項についても、
危機に発展する可能性があるものから、学校で対応できそうなものまで、
報告や相談をすることが望ましいでしょう。さまざまな視点からの意見
が、より良い解決のヒントになります。その他の関係諸機関にも、児童
の防災・消防訓練等を通して協力を求め、学校や子どもたちの様子を
知っておいてもらうことは学校の危機管理を充実させるために有効です。

③児童・生徒への安全教育を行っていること

　子どもたち自身に付けたい力は、「自分の身を自分で守れる力」「危険
を予測し、回避する力」です。いざというときの対応を身に付け、危険

を事前に予測することができれば、被害を最小限に防ぐことができるのです。

これらの指導は、学校安全計画を基にした安全・健康に関わる教育課程に沿って行います。特別活動を中心に、各教科等でも安全・健康管理に関わる内容を適切に位置付け、意図的・計画的・継続的に指導します。指導に当たっては、体験的な学習や外部指導者による実技指導等を工夫し、児童・生徒が主体的に安全管理能力を身に付けられるようにします。

次に、例をあげます。

ⅰ 「地域安全マップ」作り

　この作業を通じて子どもは危険な場所を判断する力が付き、大人は安全な環境づくりにつなげることができます。中・高校生も参加することによって「社会の一員として街を守る」ということを体験的に学ぶこともできます。

ⅱ 地震発生時における自己の行動チェック

　登下校中に地震が起きたことを想定し、次のような学習を行います。①通学路の状況を絵図に描く。②絵図を基に家庭で話し合う。③授業で危険箇所の危険度を推測する。④家庭で保護者と共に歩くなどの支援を得る。⑤授業で登下校中地震に遭った場合の分岐点を探す。⑥⑤の結果を書類提出してもらい、学校でファイリングして非常災害時に活用する。

出典：『災害発生時における児童・生徒の行動判断に関する一考察—登下校の際の意識調査を中心として』
野村隆久〈『日本特別活動学会紀要 第11号』（2003.3）所収〉

④学校保健の充実を図っていること

　学校保健を充実させるための方策について、「中教審答申」（2008. 1）は、次の点を指摘しています。

第6節　学校内外の安全確保　199

ⅰ 生活習慣の乱れ、メンタルヘルスに関する課題、アレルギー疾患、感染症等多様な健康管理に適切に対応しつつ、子どもの健康を保持増進する。

ⅱ 保健体育科等における保健教育を実施するとともに、養護教諭の専門性を活用しつつ、学校保健を重視した学校経営がなされること。子どもの健康課題に対応した保健主事等の教職員の資質能力の向上、学校医との協力関係の充実、教育委員会による指導・支援体制の強化等。

ⅲ 学校と家庭との連携、地域の医療機関との協力関係を確立する。

　各学校にあっては、これらを反映した充実した学校経営の推進が求められています。

【参考文献】
● 中央教育審議会答申『子どもの心身の健康を守り、安全・安心を確保するために学校全体としての取組を進めるための方策について』（2008年）
●『学校の危機管理最前線─危機発生！そのとき何が起こり、学校はどう動く？』阪根健二編集　教育開発研究所（2009）

第7節

保護者・地域社会
との連携

三田地真実

1 いつの時代にも求められている、学校と「保護者・地域社会」との連携

(1) 古くて新しいテーマ、それは"連携"

「子供たちの教育は、単に学校だけでなく、学校・家庭・地域社会が、それぞれ適切な役割分担を果たしつつ、相互に連携して行われることが重要である。」これは、いまから約20年前に中央教育審議会の第一次答申として提出された報告書の一文です。全体が3部で構成されている「21世紀を展望した我が国の教育の在り方について」という答申の第2部が「学校・家庭・地域社会の役割と連携の在り方」になっています。このように保護者（家庭）・地域社会と学校がどのように連携していくかは、古くから問われながらも、いまだ模索の続く新しいテーマです。

誰しも「学校・家庭・地域社会が連携することが望ましい」ということには同意するでしょう。しかし、いつの時代にもこの「連携」がなかなかうまくいかないのはなぜでしょうか。本節では、いま「保護者・地域社会との連携」では何が一番のトピックなのか、そして、今後、学校が保護者や地域社会と連携を進めていくために必要と思われる、具体的な技法としての「ファシリテーション」の概要を紹介します。

(2) 最近のトピックは「クレーム対応」

「保護者」「地域社会」「連携」というキーワードでインターネットの情報を検索してみると、上位に並ぶのは、各地方自治体の教育委員会が学校向けに発行している「保護者・地域社会からのクレームにどのように対応するか」についてのマニュアルの類いです。2010年には文部科学省から、「保護者や地域等からの要望等に関する教育委員会における取組」という調査報告も発表されています。これは全国の自治体でどのようなマニュアルが作成されているのか、また専門家チームを設置している事例などの総覧となっています。マニュアルは、茨城県の「信頼される学校づくりをめざして〜保護者との適切なかかわりのために〜」といったものから「学校に対する苦情・不当な要求等への対応」（岡山県）までさまざまですが、いずれも「保護者や地域社会からのクレームにどう対応するか」という内容です。

　学校はいつから保護者とこのような関係になってしまったのでしょうか。この具体例の1つが、1990年代頃から増えてきたといわれる「モンスター・ペアレント」、つまり「理不尽な要求を学校に突き付けてくる」とされる保護者の存在でしょう。しかし、一部の研究者は、そもそもこの「モンスター・ペアレント」という表現自体が学校と保護者を分断してしまうのではないかという危険性を指摘しています。一方、保護者や地域社会が理不尽な要求を突き付けてくるだけではなく、理にかなった

202　　第3章　選択必修領域

図1 教育支援をするための行動

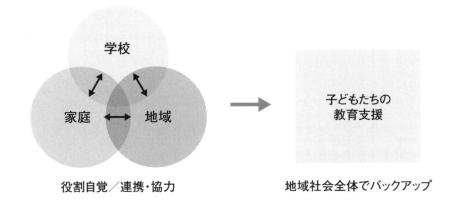

出典：文部科学省・厚生労働省「school home community」HP

要望であっても、学校側の対応のまずさが原因で保護者や地域の人との関係をこじらせた場合もあるでしょう。

　本来は、学校と保護者・地域社会の3者が協力し合って「地域の子どもは地域で育てる」ことが理想です（図1）。この図の出典元のホームページは、「文部科学省」と「厚生労働省」が連名で立ち上げており、省庁間にも従来の垣根を越えた子どものための教育支援を培おうとしている姿勢がうかがえます。

2 プラスの連携の実践例
——地域社会を活性化する

　2013年2月、総務省から「地域活性化の拠点として学校を活用した地域づくり事例調査」が発表されました。この調査報告は、「学校を活用したサステーナブル（持続可能な）地域づくり」に成功している事例を分析し、今後の地域活性化に役立つ情報を提供しています。

この報告では、学校を地域活動に活用するためのポテンシャルとして、①人的資源を持続的に確保することができること（学校は教員も児童生徒・保護者も毎年入れ替わるが、子どもの卒業後も学校拠点の活動に継続して地域づくりの活動に関わることで、その活動を持続する人材となる）、②学校を地域活動の場所として活用できること（普段から学校に慣れ親しんでおくことで、災害時などにも迅速に対応できる）といった点が挙げられています。このような活動の効果については、地域社会（住民同士のつながりの強化など）、学校（クレームが生じないような、保護者との信頼関係の育成など）、児童生徒（地域への愛着の深まりなど）のそれぞれに見られます。

　これらの活動の意義と課題が図2のようにまとめられています。また、『学校と地域・保護者との連携―研修のためのヴィジュアル教材解説書（日本語版）』（水本徳明、2006〈発展途上国に、日本の教育を紹介する

図2 学校を拠点とした地域づくりの意義と課題

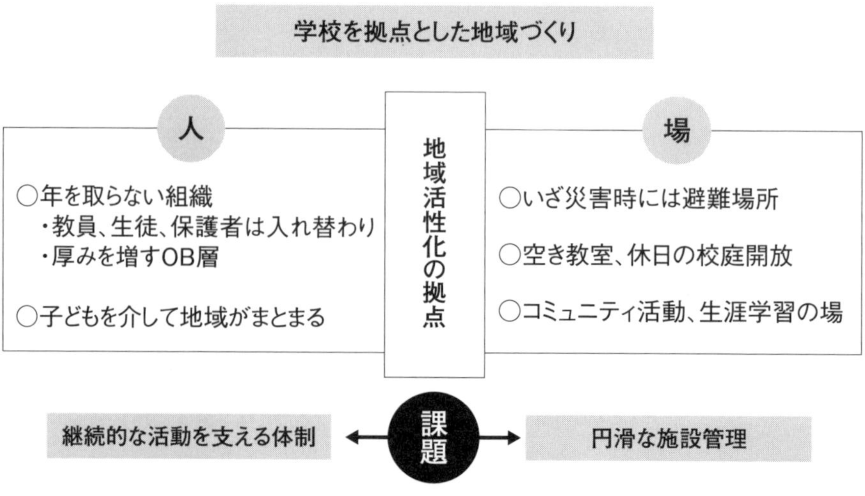

学校を拠点とした地域づくり

人

地域活性化の拠点

○年を取らない組織
・教員、生徒、保護者は入れ替わり
・厚みを増すOB層

○子どもを介して地域がまとまる

場

○いざ災害時には避難場所

○空き教室、休日の校庭開放

○コミュニティ活動、生涯学習の場

継続的な活動を支える体制　←　**課題**　→　円滑な施設管理

出典：総務省『地域活性化の拠点として学校を活用した地域づくり事例調査』（2013）

204　第3章　選択必修領域

ために開発されたスライド集の解説本。ウエブで閲覧できる。URL は参考文献参照〉）は、どのように学校と地域・保護者との連携を具体的に進めていけばいいかについてポイントを提示しています。

3 ： 連携を進めるための 「人が集い話し合う"場"の必要性」

　実際にこのような連携を進めていくためには、そこに関わるさまざまな立場の人が「集って話し合う」必要があります。また、せっかく「話し合い」の場が設定されても、「なかなか話し合いがうまく進まない」という声も聞かれます。うまくいかない話し合いの例には次のようなものがあります。

困った会議の代表的な症状

①そもそも何のために集まっているのかわからない。

②何を話し合っているのかわからない。

③話し合いがあちらこちらに迷走しがち。

④何時間もかけて議論したプロセスが無視され、最後の意見に引きずられる。

⑤いつも同じ人ばかりが意見を言っている。

⑥声の大きな人の意見が通っている。

⑦決めたことを後で覆す人がいる。

⑧会議の記録がきちんと残っていない。

⑨次回までに何をするのかが不明確である。

⑩決まったことが実行されない。

出典：『ファシリテーター行動指南書〜意味ある場づくりのために〜』三田地真実　ナカニシヤ出版（2013）

保護者や地域との連携を進めようと人が集ったときに、このような「症状」により、計画を遂行する「やる気」が失われてしまうことがあります。こういう状態になったときには、往々にして「会議がうまくいかないのは、○○さんが一人でしゃべっているからだ」など、「ある特定の個人のせい」にしてしまいがち（こういう思考は「個人攻撃のわな」といわれています）です。しかし、この思考に陥ってしまうと、その状況の改善の手立ては「その場からその個人を排除する」ということになってしまいます。このような、ある種ネガティブな考え方ではなく、話し合いの場を活性化させる手法はないのでしょうか。その答えの1つが「ファシリテーション」という技術です。

4 ｜ 話し合いの場を活性化するための 技法「ファシリテーション」

(1) ファシリテーションとは「意味ある場づくり」の ための技法

「ファシリテーション」とは、「促進する」「円滑にする」という「facilitate」の名詞形です。アメリカの研究者、ジャスティスは「ファシリテーションとは、グループの構成メンバーとプロセスをデザインしマネジメントすることである。こうすることは、グループが作業をするのを支援し、人々が共同作業をするときにみられがちな問題を最小限にするのを支援する。」（『The Facilitator's Fieldbook』Justice,T.,&Jamieson, D.W.、Amacom Books、1999）ことであると述べています。

　ファシリテーションを行う人のことを「ファシリテーター」といいます。日本におけるファシリテーターの第一人者の一人である、森時彦は、ファシリテーションとは「人と人とのインタラクション（相互作用）を

図3 「意味ある場」のイメージ図

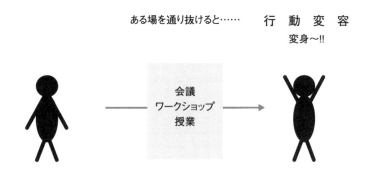

活発にし、創造的なアウトプットを引き出す」こと（『ザ・ファシリテーター』森時彦、ダイヤモンド社、2004）と述べています。アウトプットとは「成果物」ともいわれ、場が設定されたときに、その場が何かを生み出すこと、そういう場になってこそ、その話し合いが「機能する場」といえます。このイメージを図示すると図3のようになります。

「機能する場」とは、そこに参加した人が「会議」「ワークショップ」あるいは「授業」などの「場」を通り抜けた後には、何らかの「行動変容」という成果物が得られる場であるということをこの図では示そうとしています。具体的に行動が変わってこそ、参加者（その場の構成メンバーともいえます）にとって意味がある場となるのです。このように場を活性化させ、機能させるために、ファシリテーションの技法が役立つということなのです。

(2) まずはここから始めてみよう！「会議を活性化する10のステップ」

本書において、ファシリテーションの細かいステップや技法の1つについて詳細に紹介することは紙幅の制約上できませんが、校内、校外の

表1 会議を活性化するための10のステップチェックリスト

チェックポイント	事前に 考慮したこと	実際の結果
1．会場となる部屋をチェックした（机の配置など）		
2．記録ボードの設置		
3．付箋・メモ用紙の準備		
4．その日のスケジュールとゴールを記録ボードに書いた		
5．役割分担を決めた		
6．話し合いのルールを決めた		
7．ライブ・レコーディングをした		
8．必要な意見は十分出された		
9．意見が対立したときも理由を尋ね、参加者が皆で納得・合意した		
10．最終的な行動計画ができた		

出典：『特別支援教育 「連携づくり」ファシリテーション』三田地真実 金子書房（2007）

関連諸機関との話し合いをうまくマネジメントするためのポイント10を表1に示します。最低限、これらのことに配慮して「場」を変えていくことで、会議がどれだけ変容するか、ぜひ一度実行してみてください。

なお、話し合いや会議だけではなく、広義の意味でのファシリテーション（場づくり）では、授業マネジメントにも応用した事例が紹介されています（例えば『授業づくりネットワーク No.2―ファシリテーションで授業を元気にする！』学事出版 2011.7など）。

5 まとめ
――「想い」を「形」にするために、実行あるのみ！

以上、保護者・地域社会との連携について、クレーム対策になりがちな現状をプラスの連携に変容していくための具体的な手法の1つとして「ファシリテーション」を紹介しました。ここで大切なことは、どんな

に大事な理念であっても、「想っているだけ」ではそれが実現されることはなく、１つでも２つでも「実行してみて」初めて状況は変わるということです。実際、現場において素晴らしい連携に関わる人々は、何度も話し合いの場を持ち、相互の理解を図り、計画の実行の障壁となる要因をどのように解決していくかについての細やかな調整を行っているはずです。そういうことは、なかなか文字では伝えにくいものですが、人と人との「１つ１つのやりとり＝コミュニケーション」が行われていることが連携を進めるための土台であるに違いありません。このような土台づくりの１つの手法として、ファシリテーションをぜひ活用してみてください。

【参考文献】

- 『ファシリテーター行動指南書〜意味ある場づくりのために〜』三田地真実　ナカニシヤ出版（2013）

- 『特別支援教育「連携づくり」ファシリテーション』三田地真実　金子書房（2007）

- 『ザ・ファシリテーター』森時彦　ダイヤモンド社（2004）

- The Facilitator's Fieldbook, Justice, T., & Jamieson, D.W.　Amacom Books.（1999）

- 『授業づくりネットワーク No.2―ファシリテーションで授業を元気にする！』ネットワーク編集委員会　学事出版（2011）

- 『学校と地域・保護者との連―研修のためのヴィジュアル教材解説書（日本語版）』水本徳明（2006）http://e-archive.criced.tsukuba.ac.jp/result_data.php?idx_key=1174

- 文部科学省・厚生労働省「『学校・家庭・地域の連携による教育支援活動促進事業』の実施状況に関して」（2012）（HP「school home community（学校・家庭・地域をつなぐ）」内）http://manabi-mirai.mext.go.jp/cooperation.html

- 中央教育審議会第一次答申「21世紀を展望した我が国の教育の在り方について」（1996）「第2部　学校・家庭・地域社会の役割と連携の在り方」

- 文部科学省「保護者や地域等からの要望等に関する教育委員会における取組」（2010）http://www.mext.go.jp/a_menu/shotou/uneishien/detail/1297348.htm

- 総務省「地域活性化の拠点として学校を活用した地域づくり事例調査」（2013）

- 「キャリアデザイン支援ハンドブック」日本キャリアデザイン学会監修　ナカニシヤ出版（2014）

第8節

「他者」を理解する ということ
文化人類学の視点から

渋谷節子

星槎大学教授。ジュネーブ現代アジア研究所
客員研究員を経て現職。専門は文化人類学。
特に異文化理解における教育の役割。

「他者」について考える

皆さんは、「他者」と聞くと、誰のことを思い浮かべるでしょうか。隣の家の人は「他者」でしょうか。毎朝道ですれ違う人は？　会ったことはないけれど、憧れの有名人は、どうでしょう。行ったことのない、遠い国の人々は？　あるいは、子どもにとって学校の友達は「他者」でしょうか。

文化人類学（社会人類学ともいいますが、日本では文化人類学というのが一般的です）は、一言でいうと「他者をいかに理解するか」を追究してきた学問だといえます。では、「他者」とは誰なのでしょうか。

私はよく、大学の学生に「異文化」の話をするときに、「異文化」は、実は、身の回りのどこにでもある、例えば、1つの家族や学校の中にも存在していますという話をします。「文化」をどう定義するかという問

題はここでは置いておいて、学校の生徒同士でも、習慣が違ったり、価値観が違ったりすることがありませんか。時には、そうした違いから、生徒同士がぶつかったりしませんか。ただ、私たちは、それを「異文化」と認識していないだけなのかもしれません。

　身近な「異文化」を私たちはおそらく日常的に経験しており、でも、その場では違和感を覚えたりぶつかったりしたとしても、多くの場合は、それほど気にせずに相手を受け入れて生活を送っていられるのではないでしょうか。しかし、世の中には、習慣や価値観の違いを乗り越えて相手を受け入れることが、いかに困難なことかを思い知らされるような出来事が数多く存在しているのが、現実です。

「異文化」という言葉も「異文化理解」という言葉も、また「多文化共生」という言葉も、最近では頻繁に聞かれるようになりました。しかし、「異文化理解」や「多文化共生」が現実にはそれほど容易でないことは、現実の世界を見れば、誰でも分かることでしょう。

　特に、1990年代以降に世界のあちらこちらで起きている多くの紛争の背景に民族や宗教などの文化的背景が絡んでいることは、よくいわれるところです。もちろん、それ以前の戦争にもそういった背景が関与していたことは多々ありましたし、1990年代以降の紛争にも領土やイデオロギーといった問題が関係しています。それでも、ここ20年ほどの紛争を見ると、文化の異なる「他者」を受け入れることの難しさを目の当たりにさせられます。

文化人類学と「異文化理解」

　では、文化人類学が追究してきた「他者を理解する」ということは、現実の世界では実現不可能なのでしょうか。それを考えるために、文化人類学で「他者」がどのように捉えられてきたかを、この学問がたどっ

てきた歴史的な背景を簡単にひもときながら見てみましょう。

　文化人類学は、主にイギリスを中心としたヨーロッパとアメリカで生まれたといわれます。しかし、その背景は大きく異なっていました。イギリスをはじめとするヨーロッパ諸国が15世紀に始まる大航海時代から世界で植民地の獲得をしていったことは皆さんもよくご存じのことと思います。当時、ヨーロッパの人々が出掛けていった先々の土地には、ヨーロッパとは非常に異なった文化があり、人々が暮らしていました。「西洋」とは異なる文化と接したヨーロッパの人々は、それらの文化を「未開」と呼びました。19世紀には、ダーウィンが唱えた進化論を人間の社会や文化に当てはめた「社会進化論」という考え方が社会科学の分野に現れましたが、これは、人間の社会は「未開」から「現代」まで発展してきたという考え方で、ここでいう「現代」とは、その当時のヨーロッパ社会のことを指していました。

　そして、植民地で異なる文化や社会に接したヨーロッパの人々の多くが、それらの社会はその社会が生まれたときからほとんど変化せず、今日に至っていると考えました。また、そうした土地では、大きな都市が発達せず、人々は比較的小さな社会単位で農耕や狩猟採集を営んでいることが多かったため、複雑なヨーロッパの社会に比べて人間社会の緻密な研究に適しているとも考えられました。こうして、ヨーロッパの人々による植民地の社会の研究として、「社会人類学」が生まれたのです。

　他方、アメリカには、急速に消えていく文化がありました。いわゆるインディアン（現在、アメリカではインディアンという言葉は使わず、「ネイティブ・アメリカン」と呼ぶのが一般的ですが、日本ではインディアンという呼び方がまだ一般的だと考えられますので、ここではこの名称を使用します）の文化です。入植者によるアメリカの開拓が進む中で、インディアンたちは土地を追われ、独自の文化を失っていっていました。そうした中、彼らの文化を記録しようとする研究者たちが現れたの

第8節　「他者」を理解するということ　213

です。近い将来にいずれ消滅するだろうと考えられた文化を記録することによって生まれたのが、アメリカの「文化人類学」です。

このように、背景も目的も大きく異なる、ヨーロッパで生まれた「社会人類学」とアメリカで生まれた「文化人類学」ですが、共通点もあります。それは、どちらも「他者」の研究であったという点です。

しかしその後、文化人類学の中では、初期の「西洋」対「非西洋」、あるいは、「白人」対「他者」という枠組みに対する疑問が生まれ、それが崩れていきます。そして、「異文化」や「他者」を理解するための新たな枠組みを、人類学者たちは模索してきました。

共通の文化の模索

皆さんは、レヴィ＝ストロースという名前をご存じでしょうか。アマゾンの狩猟採集民の研究をして『悲しき熱帯』（レヴィ＝ストロース C.、中央公論新社、2001）や『野生の思考』（レヴィ＝ストロース C.、みすず書房、1976）を著したフランスの著名な人類学者ですが、彼は、文化人類学の分野では特に構造主義を唱えたことでよく知られています。彼の構造主義の理論は時に大変難解ではありますが、非常に簡単にまとめてしまうと、あらゆる人類の文化の根底には同じ構造が存在しているという考え方です。表層に現れる文化は異なっていても、深層構造は同じであり、その構造を解き明かすのが人類学の使命だと、構造主義者たちは考えました。

その後、文化人類学の分野では、「もしも、あらゆる文化の深層構造が同じであるならば、全ての文化も人々の行動もその深層構造によって決定されているということになる。人間とはもっと主体的に文化をつくり出しながら生きているものではないのか」という疑問が生まれ、だんだんと文化の深層構造という考えも構造主義も衰退していきました。

214 第3章 選択必修領域

しかし、レヴィ＝ストロースが唱えた理論は、今日、私たちが「異文化」を考える上で大切なことを示唆しています。それまで「西洋」の文化に対して劣っている、あるいは遅れていると考えられていた「未開」の文化は、構造主義というツールによって、同じ土俵に乗せられました。つまり、文化の違いは進化のどの段階にあるかによって生まれるのではなく、個々の事象の出現の仕方の違いによるものだという構造主義の主張により、文化の間に優劣はないという認識が生まれたのです。この認識は、構造主義が衰退していったいまも文化人類学者の間では広く共有されているといえます。そして、それは、今日、私たちにとっても大きな意味を持っているといえるでしょう。

　さらに、私たちは、ともすると表面的な文化の「違い」ばかりに目を奪われがちですが、表面的には異なるように見える多くの文化にも「共通する」ものが多く存在するのだということを、レヴィ＝ストロースたちは教えてくれたのです。異なる言語にも共通性があり、だからこそ、翻訳は可能になるわけです。また、例えば、「正直」という概念がプラスの概念であることも、世界中で普遍的とは言い切ることはできなくても、多くの文化で共有されていることはいえるでしょう。このように、異なる文化にもさまざまな共通性があることを、私たちは「異文化」と接するときに、忘れてはなりません。

歴史的な背景の重要性

　さて、構造主義は異文化理解の上でこのような大きな貢献をしたわけですが、構造主義を含めて、比較的最近まで文化人類学という学問が見落としていた問題があります。それは、「歴史」の問題です。前にも述べたように、多くの人類学者たちは、自分たちが研究対象としている「他者」の社会や文化は、変化の少ない、そして、その社会が生まれて

第8節　「他者」を理解するということ　215

からほとんど変化していないものだと捉えました。従って、彼らはそうした社会を静的なものと捉え、その中でさまざまな要素がどう機能しているかといったことを解明することに、意識を集中していました。

　一般的に考えれば驚くべきことかもしれませんが、人類学者たちが変化の少ないと思っていた社会も長い歴史の中で変化を経てきたという認識が生まれ、社会や文化の動態や、歴史、過去、記憶といった事柄が文化人類学で真剣に、また、盛んに議論されるようになったのは、1980年代以降のことでした。文化は変化するものであり、現在、目の前にある文化は、その動態のある時点の姿にすぎない。その文化を理解するためにはその歴史的な背景を知る必要があるという認識が生まれ、広く共有されるようになったのです。

　そして、この歴史の理解が「異文化」を理解する上で重要だということを、ここでは強調します。もちろん、「異文化」と接するとき、そこに存在する相手の宗教、言葉、習慣などを知ることも非常に重要です。しかし、なぜ、それらが相手にとって大事なのかを理解できなければ、「異文化理解」にはなりません。そして、「なぜ」を知るためには、目に見えないその歴史的な背景を知ることも大切です。

　しかし、注意も必要ですし、そうした個々の背景がある文化を「文化相対主義」の名の下に、全て正統化することは、非常に危険です。「これは自分たちの伝統的文化だから、他人が干渉するべきではない」という態度も、また、「自分の文化を守るためには何をしても、たとえ暴力に訴えても良い」という考えも、間違っています。外からの批判には素直に耳を傾けて、自分たちの文化を見直す姿勢も必要です。

共有できる価値観を生み出すために

　グローバル時代といわれる今日求められているのは、異なる文化を持

つ人々が共有できる価値観を見つけ、共に創っていこうという姿勢ではないでしょうか。誰が正しいか、誰が優れているかではなく、相手の文化をその歴史的な背景も含めて理解し受け入れ、また、時には自分の主張を譲るところから、それは始まるのではないかと思います。相手との違いばかりに目を向けず、共有できる価値観を探していくことも必要です。それは、日常の中で実践していかなければいけないことです。

　初めに述べたように、「他者」や「異文化」は、私たちの日常の中、家庭や学校にも存在しています。そして、「他者」を排除したい衝動は、誰もが持っているものかもしれません。しかし、それを乗り越えて相手を理解し「受け入れる」寛容さを日常の中で育てることが、いま、求められているのではないでしょうか。

「他者」を理解することは、これから世界の人たちが共に暮らす世界を創り出す上で、大変重要な役割を担っているといえるでしょう。大きな対立が起こってしまってからでは、多大な犠牲が生まれてしまいます。それを防ぐために、私たちは、「他者」を理解し受け入れる文化を家庭や学校の中で培っていかなければなりません。

　日本の子どもたちが、日々の生活の中で「他者」を理解することの大切さを学び、未来の世界をつくっていく上で大きな役割を果たしてくれることを、期待しています。

【参考文献】

- 『Race, Language and Culture. Chicago』 Franz Boas　University of Chicago Press（1982）

- 『Outline of a Theory of Practice (Cambridge Studies in Social and Cultural Anthropology)』 Pierre Bourdieu　CambridgeUniversity Press （1977）

- 『Culture/Power/History:A Reader in Contemporary Social Theory』 Edited by Nicholas B. Dirks, Geoff Eley, & Sherry B. Ortner　Princeton University Press（1994）

- 『Anthropology: Theoretical Practice in Culture and Society』 Michael Herzfeld　John Wiley & Sons（2001）

- 『Structural Anthropology. Basic Books』 Claude Levi-Strauss　Basic Books　（1963）

- 『Structural Anthropology. Volume 2』 Claude Levi-Strauss　University of Chicago Press（1976）

- 『Structure and Function in Primitive Society: Essays and Addresses』 A. R. Radcliffe-Brown　The Free Press（1952）

- 『The Anthropology of Globalization: A Reader』 Jonathan Xavier Indaand Renato Rosaldo　Blackwell Publishing（2008）

- 『野生の思考』 レヴィ＝ストロース C.　みすず書房（1976）

- 『悲しき熱帯（Ⅰ・Ⅱ）』 レヴィ＝ストロース C.　中央公論新社（2001）

第4章

共生と教育2

「現代の教育」と
「文化の継承」

加藤登紀子

星槎大学客員教授。歌手。地球環境問題等に
も積極的に取り組んでいる。『知床旅情』を
はじめ、ヒット曲多数。

1 ┊ 生い立ち──母からの教え

　私は1943年に旧満州（現在の中国東北部）で生まれました。１歳８カ
月のときに太平洋戦争が終わり満州という国がなくなると、私たちを
守ってくれる人は誰もいなくなりました。日本はポツダム宣言で、大陸
に残された何百万人もの命を守るという要求は一切せず、私たちは日本
という国からはじき出された民衆だったのです。

　お偉い軍人さんは、とっくの昔に日本に戻っていました。男性はソ連
の捕虜になり、残ったのは女性と子どもだけ。収容所にあったコメや砂
糖などの備蓄品は、ソ連兵にむちゃくちゃにされてしまいましたが、近
くの畑の土の中に残されていたジャガイモが、私たちの命をつないでく
れたのでした。

　救ってくれたのは、アメリカと中国でした。私たちを日本に帰すため

220 ┊ 第４章　共生と教育２

に、引き揚げ列車を用意してくれたのです。中国は、引き揚げが終わるまで内戦をストップしてくれて、私は生き延びることができました。

　以前来日したオリバー・ストーン監督によれば、日本は1945年の５月にすでに降伏することを決めていて、アメリカもそのことは知っていたそうです。日本は、天皇制が維持できるのなら、すぐにでも降伏するつもりでした。でも、アメリカは原爆を投下して威力を示す必要があったというのです。その結果、終戦の機会は遠のきました。終戦が早ければ、失われなかった命がたくさんあったのです。沖縄の玉砕も広島・長崎の原爆もなかった。本当に悔しい。

　そのように、権力者や国益に命が振り回される現実を知ったことで、私はせめて人として、しっかり生き抜きたいと思って生きてきました。

　私の母は「死ななきゃいいわよ」という信条の人でした。私の成績なんか気にしたこともなく、生きるということの大切さを教えてくれました。人には人として向き合いなさいと教えてくれたのも母でした。収容所にいたときも、ソ連兵がやって来ると、みんなは怖がって逃げ出しましたが、母は片言のロシア語で彼らに家族のことを聞いたり、「子どもたちは、あなたの帰りを待ちわびているんでしょうね」と話し掛けていた。ソ連の兵士は、涙を流しながら家族のことを話してくれたそうです。

2 ┊ 日本とアメリカ──強国であるということ

　高校生になった私は、日本が、絶えず戦争をしているアメリカのような国と軍事同盟を組んでしまったら大変なことになると思い、日米安全保障条約（安保）に反対していました。でも、最近になって、軍事以外の日米関係の在り方に気付きました。

　例えば農業では、1961 ～ 62年頃、日本の農業は近代化に大きくシフトしました。肥だめで作った下肥を使っていた農業から、化学肥料と農

「現代の教育」と「文化の継承」　┊　221

薬を使う農業にかじを切りました。有機農家が1軒でもあると、その地域に対する補助金が交付されないというケースもあったそうで、そういうふうにみんなで有機農家に圧力をかけて農薬を使わせる方向に持っていったのです。

1962年にはアメリカの生物学者レイチェル・カーソンが、殺虫剤や化学肥料を多用した農業が続けば、いつか鳥の鳴かない春が来ると著書『沈黙の春』（レイチェル・カーソン、新潮社、1974）で警告しました。化学肥料会社はカーソンをバッシングしましたが、ケネディ大統領はいち早く農薬の調査を命じて対策を取りました。

一方でアメリカは、ベトナムに枯れ葉剤をまき、日本に大量の農薬を輸出し始めたのです。ケネディはアメリカ国内での農薬の使用を制限するため、代わりのビジネスを化学肥料会社に与えなくてはならなかったのでしょうか。日米関係は、常にこういう関係だったようです。

しかし、日本がいまやろうとしている原発の海外輸出は、国内に原発は建てられそうにないから、外国に売ろうとしているようにしか見えません。グローバル社会の中の先進国というものは、どこかにしわ寄せをしながら自分たちの利益を守っているのです。

3 ｜ 沖縄音楽との出会い

大学を卒業してシャンソン歌手になり、ステージで歌っている自分になんだかしっくりこなくて、自分の歌には人に聴かせるものがあるんだろうかと考えた時期がありました。ある日、シャンソンやジャズを歌っていたら、目の前にいたヤクザ風の中年男性が、「おめえは何で外国の歌ばかり歌うんだ。日本の歌を歌えよ」って野次ったんです。私の家族はオペラやヨーロッパの音楽が好きだったので、家では日本の流行歌を聴くことはありませんでした。「おまえ、童謡くらいは歌えるだろう」

というので、開き直って、その場であぐらをかいて「か～らぁす　なぜ鳴くの……」って歌いだした。そうしたら、さっきまで野次っていた男性が涙を流しているんです。多分、小さい頃子守歌のように聞かされていた歌は体に染み込んでいて、そういう歌に出合うと、人は体全体で受け止めるんだなって。歌の力ってすごいと思いました。

　1970年に『知床旅情』のカップリング曲として『西武門哀歌』がレコードになりました。『西武門哀歌』は私にとって初めて歌った沖縄の歌でした。でも、その後、沖縄の「西武門節」という民謡を知り、『西武門哀歌』は沖縄の歌ではなく、沖縄風の歌謡曲だと知って不安になりました。ルポライターの竹中労さんという方が、「加藤登紀子が西武門節をいい加減な歌謡曲にしちゃうから文化がダメになる」と書いている記事も読んでいたので、沖縄復帰の翌々年の1974年、コンサートで沖縄に行ったときには、身の縮む思いでした。そのときに泊まった民宿のおばちゃんに、私は『西武門哀歌』を歌っていいのだろうかと恐る恐る聞いてみると、おばちゃんは、「みんなその歌を聴きに来るんだから歌ってあげてよ」と言ってくれて、本当に救われました。

　沖縄の歌に触れると、体の底から自然体になっていくような、みそぎに似たようなものをいつも感じるのです。その土地の文化や先祖の教えを伝える力を、一番持っているのは沖縄の音楽なんじゃないかと思うくらいです。

4 ┆ 文化は変容しながら受け継がれていく

　いま、沖縄の音楽を作っている若い人たちがたくさんいます。もともとあった音楽をアレンジして広がっていくのは、決して沖縄の音楽に限ったことではありません。

「ワールドミュージック」という音楽のジャンルがありますけど、これ

「現代の教育」と「文化の継承」　223

はフランスのミッテラン大統領の政策だったんです。アフリカを植民地にしていた歴史が長かったので、ずいぶんたくさんのアフリカ人がフランスに来ているのです。そういう人たちの音楽を世界に送り出して大成功しました。もちろん本物を尊重する人は、シンセサイザーや打ち込みのドラムが入っているアフリカの音楽に疑問を感じているでしょうけど、とにかく、フランスの政策によって、アフリカの音楽が全世界的な市場に乗ったわけです。

　南米の「フォルクローレ」も「インディオが田舎で歌っている音楽」という程度にしか認識されていなかったのに、民主化運動と一緒になって世界に広がっていきました。それから、民主化運動を抑制する軍政下から逃れるため、大量のミュージシャンがヨーロッパに亡命したこともあって、フォルクローレが世界的なポピュラーソングになっていった。音楽もそうですが、文化というものは、変容を遂げながら受け継がれていくものでもあるのです。

5 ┊ ローカル・ノレッジと近代思想

　自然と向き合う暮らしがあり、集落を持っている地域には必ず、「民衆の歴史」を伝えてきた音楽があります。先祖代々の教えを、イヌイット、アボリジニ、アイヌなどは、文字を持たず、歌で伝えてきました。民衆の歴史は、小さな共同体が生きるのに必要な知恵「ローカル・ノレッジ」と言い換えることができます。先祖代々伝えられてきたローカル・ノレッジは、ヨーロッパによる植民地化や戦後のグローバリズム化によって、存続の危機に直面してきました。

　例えば、イギリス人はオーストラリアで、アボリジニの子どもたちを親元から連れ去りました。イギリス人から見ると、靴も履かずに裸足で歩き、ほぼ裸状態で暮らしているアボリジニの生活は改善すべきものに

224　第4章　共生と教育2

見えたのです。だから、子どもたちには靴や帽子、服を与え、これまでのように土の上で寝るのではなく、ベッドのある寄宿舎生活を強いたのです。これはローカル・ノレッジとグローバルな近代思想が対峙する象徴的な例です。同様のことは他国でも起きています。

　ブータンは最近まで学校がなかったのですが、ヨーロッパで教育を受けた国王が、国内に学校をつくりました。しかも授業はすべて英語。私はこれでいいんだろうかと考えてしまいました。聞くところによると、ブータンを近代化させるために必要な数学や物理といった教育は、英語でないと教えることができないというのです。

　アメリカでは、1970年代だったと思いますけど、イヌイットの子どもを学校に行かせなかったという理由で、親が警察に逮捕されたことがありました。親にしてみれば、子どもが学校に行ってしまうと狩りのやり方を教えることができないからだったのですが。

　ですからブータンでは、子どもを学校に通わせるために、まずは親を説得して回ったそうです。いまでは大学生の子を持つブータンの親たちは、卒業してもわが子が農業をするために村に戻ってくることはないと考えています。

　こうしていくつかの例を見てみると、近代の教育は、「親の言うことは聞くな」とは教えていませんが、結果的にそういう選択を子どもたちにさせる教育になってしまっているんです。英語が話せる子どもが「偉い」と考えられるようになったとき、地域の文化は消えていくのではないでしょうか。日本も例外ではありません。

　日本に復帰した直後の沖縄では、当時の日本専売公社がそれまで沖縄の人が使っていた「シママース」という塩を禁止し、代わりに本土で売られている塩を流通させたのです。ところが、シママースのように沖縄の食材になじまず、食べ物の保存がうまくいかなかったりしたそうです。まさに、沖縄に合ったローカル・ノレッジが、外から入ってきた日

「現代の教育」と「文化の継承」　225

本のグローバリズムに混乱させられたのでした。

6 観察する。考える。表現する。

生活がどんどん一元化されて、自分たちの文化が廃れていき、世の中から多様なものがどんどんなくなっていく中、学校の先生にできることは何でしょう。

東日本大震災で父親を亡くした小学生の作文に、こういうものがありました。

避難先の体育館で家族の安否を確認した少年の父親は、「ちょっと行ってくる」と軽トラに乗って出掛けていったきり帰ってこなかった。1カ月後、父親の遺体と再会したときのことを「お父さん（の体）は氷よりつめたかった。おどろいたことに、腕時計は動いていた。その時計を自分の腕にはめた。僕は長男だから、お父さんの代わりにがんばる」と書いていました。

心に響きました。どうして彼がこんなすてきな文章を書くことができたのかというと、彼は毎日、壁新聞部の活動で小学校の壁新聞を作っていた一人だった。身の回りの出来事を言葉にすることが身に付いていたのです。

昔、東北には「綴り方教育」というのがあって、これは子どもが一つ文章を書いたら、先生が質問をするというものです。質問に答えようと考えていくうちに、深い表現ができるようになるという教育方法でした。子どもに考えさせるいい方法だと思いませんか。

テーマになりそうなものは身の回りにたくさんあります。自分史、地元の歴史や言い伝え、地元に伝わる演劇や物語。ローカル・ノレッジに触れながら、時代に流されない子どもを育てられないでしょうか。

人は経験したことを言葉にしていくことで成長できます。でも、正し

いことばかりを書いても、あまり楽しくないものです。ところが不満や怒りといったものを題材にしてみると、本音がどんどん出てきて面白いのですね。学校教育は大筋、グローバリズムにのっとり、その中で一定の価値観に従った教育をしていますが、社会の実情に触れるネガティブな話、教科書に載らない話などを伝え、子どもたちの考える機会につなげてほしいと思います。

「現代の教育」と「文化の継承」　　227

ミラーニューロン
ぼくの平和論

小中陽太郎
星槎大学元教授。作家。日本ペンクラブ理事。
プラザ財団理事長。代表作に『翔べよ源内』
（平原社、2012）などがある。

イントレピッドの4人

　1967年10月。ベトナム帰休（休暇）兵として東京新宿の風月堂という喫茶店に遊びに来た4人のアメリカ海軍水兵が「これ以上、ベトナム戦争に加担するのは嫌だ」と言って、横須賀に停泊中の空母に帰艦しないことを決意しました。後に航空母艦の名前を取って「イントレピッドの4人」と呼ばれる18歳の青年たちです。彼らは、ある日本の大学生の紹介で、結成して2年目の市民反戦運動「ベ平連」（ベトナムに平和を！市民連合）に連絡してきました。

　私たちは大変驚き途方に暮れましたが、まずは彼らをかくまうことにしました。そして、もしこのまま米軍に逮捕され、公表されなかったら、彼らの脱走は外部に知られることなく処理されてしまうと考えました。私はNHKのプロデューサーを辞めたばかりでしたが、先輩の映画プロ

228 ｜ 第4章　共生と教育2

デューサーとひそかに準備して、都内のマンションの一室で彼らの「声明」を記録映画に収録しました。30分ほどの短いもので、そのフィルムはいまも私の部屋にあります。

　その声明の中で、彼らは「自分たちはアメリカ憲法の精神に従って脱走する」と述べました。これは私たちに大きな衝撃を与えました。18歳の青年兵が、もう二度と祖国に帰ることはできないことを覚悟して軍隊を脱走する、それも憲法の精神に従ってそうするのだというのです。何という自由で素晴らしい憲法でしょう。憲法とは、国民の生きる指針となるということを、私たちは教えられたのです。

　私がべ平連運動に加わったきっかけは、１つのテレビドラマでした。それは私がＮＨＫに入局して４年目、名古屋局にいたときです。戦後日本の現実を切り取るテレビドラマを作ろうと思い、『何でも見てやろう』（小田実、河出書房新社、1961）という世界旅行記を引っさげて彗星のように登場してきた青年作家・小田実に目をつけ、執筆依頼したことに始まります。それは『しょうちゅうとゴム』という奇妙なタイトルのドラマで、四日市の石油コンビナートを舞台に、ドキュメンタリータッチと現場ロケを組み合わせたものでした。音楽は前衛作曲家の高橋悠治（坂本龍一の師匠です）に依頼し、主役に芦屋雁之助を抜てきしました。前衛と関西芸人という異色の組み合わせです。

　テーマは、石油コンビナートの開発を目指す資本家や政治家、町工場の主人（雁之助）と、それに翻弄される農民たちの姿です。そして、世界旅行や市民たちの議論を生の形でぶち込み、最後に、完成したコンビナートの陽光に輝くパイプラインの下で青年たちが『ウエストサイド物語』（当時、日本で公開されたアメリカのヒット映画）のようなモダンダンスを踊るという破天荒なものでした。

　それをマイクロ回線で東京に送り、当時日本に輸入されたばかりのビデオテープに録画しました。さらに、記録用にフィルムに収めました。

そのフィルムを、私は大切に保存していましたので、2013年7月、小田実の7回忌に、東京神田の岩波セミナールームで上映会を開きました。高橋悠治さんをはじめ、たくさんの音楽家や作家が来てくれました。四方田犬彦氏は「実験的な映像とダンス、ブレヒトを思わせる戯画的な舞台装置と、長々と続く独白（小田自身の）によって、いかなる既成ジャンルにも分類できない、不思議な混合物（アマルガム）を構成している」と言ってくれました（「『しょうちゅうとゴム』がなぜ重要か」）。

　私は、そのドラマを制作した後東京放送局に転じ、ミュージカル番組『夢であいましょう』を担当しました。しかし、小田と出会って、広い世界をこの目でじかに見たいという夢が抑えがたくなり、日仏合作映画を機にNHKを辞めてしまいました。

　その翌年、突如、米軍がベトナムに上陸したのです。小田が声を掛け、私はテレビプロデューサー転じて平和運動家になりました。四方田氏は先の論考をこう結論付けています。

「作品自体が媒介者となってスタッフ同士を廻（めぐ）り会わせ、新しい社会運動（ベ平連）へと向かう契機を創りだした。」

　1つのドラマも馬鹿にはできません。ひとりの青年の運命にとって、いや平和運動にとって。

　そこへ脱走兵が現れたのです。ベ平連は苦心惨憺（さんたん）して、この4人を横浜港から船に乗せ、ソ連経由でスウェーデン・ストックホルムに脱出させました。その後、21人の脱走兵をさまざまな方法で海外に送り出します。日本の警察は脱走兵問題に介入することはできませんでした。皮肉なことに日米地位協定によって、日本の警察は脱走兵といえども米兵を逮捕できないのです。

　翌年の1968年には、小田と私は北ベトナム・ハノイに招待されました。1973年米軍はベトナムから撤退し、1975年ベトナム全土が解放されました。さらに2013年になって、私は民族解放戦線代表のビン副大統領の

回想録の翻訳出版に協力したのです。

被害者意識から加害者意識へ

　日本の平和運動は、市民運動「ベ平連」ができるまでは組織と理念が大きく異なっていました。それまでの平和運動は、労働組合、学生運動を母体とし、また政党の影響力が強く働いていました。そこに、経済成長とともに新しい市民層と個人が立ち現れてきたのです。

　次に、平和運動の動機も変わってきました。それまでの運動には、第2次世界大戦の空襲被害や広島・長崎の原爆投下の苦しみを直接受け、国民意識の中にもそのような体験が色濃く残っていました。そのため、二度と戦争を起こしてはいけないという切なる願いが平和運動のエネルギーとなっていました。ところが、戦後復興を経て、日本はかつて被害を与えたアジア諸国や中国に対して経済的侵略ともいうべき路線を取って経済成長を続けてきたのです。それに対して、タイやインドネシアでは日貨排斥デモや工場ストライキが頻発することになります。また、中国や韓国も日本の歴史（侵略戦争）に対する反省のなさを指摘するようになりました。そこで、被害者意識だけではなく、日本はかつてもいまも加害者であるという反省が生まれてきたのです。何もアジア諸国に対してだけではなく、同じ日本でも本土による沖縄への責任問題も問われ始めました。

　それが目に見えるようになったのがベトナム戦争です。沖縄の米軍基地から爆弾や枯れ葉剤を満載したB52が連日ベトナムへ向けて飛び立ち、爆撃を開始したのです。

　それまで沖縄の基地は地元住民の土地を強制的に収奪したもので、特に米軍施政下の沖縄の人権は蹂躙されていました。2013年に沖縄で開催された教員免許講習では、1959年に米軍ジェット機墜落で17人もの小

ミラーニューロン　ぼくの平和論 　231

学生が無残に焼け死んだ宮森小学校の先生の、切々たる責任と悲しみの声を生で聞きました。基地が日本人を苦しめるとともに、ベトナム人を殺しているという事実が浮かび上がってきたのです。

　被害者意識から加害者責任に目を向けることは、いまの言葉でいえば「歴史認識」に関わることです。しかし、これまでの教育や歴史を塗り替えることですから、反発も激しくなります。そのことは前大阪市長の「従軍慰安婦はどこの国でもやっていたことだ」という発言によく表れています。後に前市長は「あれは戦争中のことを言った」と弁明しましたが、それだけでは居直りにすぎません。

　かつてドイツが東西に分かれていたとき、西ドイツのヴァイツゼッカー大統領は「過去に目を閉ざすものは現在も見えない」といいました。日本の平和運動もいま、その転換点に立っています。だから反撃も大きいのです。ここが頑張りどころです。歴史と謙虚に向き合うことがなければ世界中から批判されるでしょう。平和教育とは、まず自国の過去を見直すことから始めなければなりません。

平和を創るもの

　私の平和論を述べてみたいと思います。ベトナム戦争の戦火が燃え盛っていたときは、私たちも日本各地の米軍基地への座り込みや、日本で修理した戦車の輸送阻止行動を繰り返しました。直接行動です。弾圧が激しい中東諸国やブラジルなどでは、いまも激しい衝突が起こっています。日本でも赤軍派に連なる学生はハイジャックをしたり、イスラエルの空港で銃を乱射したりしました。

　しかし、もっと平和的な運動はないものでしょうか。

　その1つとして衣服デザイナーの三宅一生さんの例があります。三宅さんは、アメリカのオバマ大統領が2009年4月チェコで行った「核兵器

のない未来を目指す」という演説に触発されて、『ニューヨーク・タイムズ』に1通の投書を送ります。

　まず、7歳のときにピカドンを経験したこと、3年後に母を失ったことを明らかにします。ついで、恐ろしい地獄絵図を見た者のみが語ることができる美への憧れがつづられます。そして、それを実際に世界の人々に着てもらいたいという夢が、彼の美しいデザインを生み出した秘密だったのです。そして最後に、こう呼び掛けます。

「オバマ大統領が、広島の平和大橋を渡る時、それは核の脅威のない世界への、現実的でシンボリックな第一歩となることでしょう。」（『朝日新聞』2009年7月16日付、初出は同14日付『ニューヨーク・タイムズ』）

　素晴らしい平和への呼び掛けです。

　この呼び掛けは、長崎で撮られた1枚の写真と共通の力を持っています。それは背中に赤ん坊を背負った1人の少年の写真です。長崎に原爆が投下されたのは1945年8月9日、米軍が日本に進駐するのは9月2日だから、この写真は原爆投下から半月はたっています。その間、この丸坊主の10歳の少年はどうやって背中の子を守ってきたのでしょう。少年は私と同じ年です。背中の子は弟だそうです（野坂昭如の『火垂るの墓』〈『アメリカひじき・火垂るの墓』（新潮社、1968）所収〉で死ぬのは妹です）。少年は背中の子を火に投ずる（火葬）と後も見ずに立ち去ったそうです。それを撮ったのは若い米軍の海軍二等兵でした。名前も分かっています。ジョー・オダネルという人です。しかし、この写真をオダネルはその後長く公表できませんでした。なぜでしょう。米軍は1発の原爆で一瞬のうちに長崎の街を焼き尽くし7万人を殺した（広島では17万人、その後の死者は35万人）と大声でいうのです。それが抑止力ということです。でも7万の中に、こういういたいけない子どもがいたことは見たくない。原爆による被害が、非戦闘員にも無差別に降りかかったことを外部に知らせたくない。スミソニアン博物館の原爆資料展で在郷軍

人などが、展示に最も反対したのはこの写真だったのです。

それから45年がたちました。1990年、岩手県のキリスト教社会館の山崎真氏がアメリカのテネシーで開かれた写真展に行くと、一人の初老の男が近づいてきて「自分が長崎で撮影し、戦後発表を止められたネガを、日本に持ち帰ってほしい」と言って差し出したのが、この写真でした。

戦後はホワイトハウス付きのカメラマンとなったオダネルには、もう1つ心に残る写真があります。ケネディ大統領が暗殺されてアーリントン墓地に葬られるとき、ひつぎを載せた車に向かって敬礼をする長男のジョン・フィッツジェラルド・ケネディ・ジュニア君の写真です。2013年秋、彼の妹のキャロラインが駐日米国大使として東京に赴任しました。私は日米の学生交換を推進するフルブライト交換留学生ですから、キャロライン・ケネディ大使にお会いする機会があるかもしれません。そのときは、この背中に弟を背負った少年の写真を持参して「あなたの兄上を撮影したカメラマンが撮った、もう1つの写真です。ぜひ長崎へいらしてください」とお願いしてみたいと思います（2013年12月、同大使は長崎市を訪れた）。三宅一生さんがオバマ大統領に訴えたように。それが私の平和運動です。

ミラーニューロン

そうしようと思う根拠を、最後に申し上げましょう。

原爆や津波の恐ろしさをいうと、「ボクはまだ生まれていないもの、そんなこと関係ないや」とうそぶく若者がいます。こういわれると私も悲しくなります。そんなとき、いつもこう諭してきました。「『平家物語』の時代に君は生まれていない。でも、それを読むと、平家の公達や静御前の悲劇を思って悲しくなるだろう。それが人間というものだよ」と。

さて、そのことを脳科学的に説明している対談を読みました。

「他人の行為を見るだけで、それに相応する行動に関連する自己受容感覚が自分自身に沸き起こって、そのことによって、他人の行為が実行されたときの、その相手の感覚というものを共感する、追体験することができるというのが、たぶんミラーニューロン・システムの最大の特性なのでしょう」(『ヒトはいかにしてことばを獲得したか』正高信男・辻幸夫、大修館書店、2011)。

　三陸海岸で海に向かって立つ少年の後ろ姿を見ると、「ああ、この子は悲しいのだろうな」と誰でも思う。しかし、それだけではなく、その子と同じように自分も悲しくなる。まるで"鏡"のような反応をすることから「ミラーニューロン」といわれます。他人がしていることを見て、わがことのように感じる共感(エンパシー)能力が脳内に埋め込まれているのです。さらに、ミラーニューロンは言語能力と関連しています。

　「だから、ことばが生まれた」

　なんと美しい言葉でしょう。ベ平連はいつもデモをしていました。しかし、小田も私も言葉を手放さなかった。それを私の平和論だといいましょう。

【参考文献】
● 『何でも見てやろう』小田実　河出書房新社(1961)
● 『アメリカひじき・火垂るの墓』野坂昭如　新潮社 (1968)
● 「『しょうちゅうとゴム』が語るもの　50年前のNHKテレビドラマの研究」四方田犬彦(2014)(『放送レポート』〈大月書店〉246号所収)
● 『ヒトはいかにしてことばを獲得したか』正高信男・辻幸夫　大修館書店(2011)

私の共生社会
構築の実践
—— 旭山動物園と共に伝える命の授業

坪内俊憲

星槎大学教授。ボルネオ保全トラストジャパ
ン理事長。野生生物生息域管理専門家として
JICA（国際協力機構）の活動に携わった。

ボルネオでの活動の始まり

　私は、主に途上国と呼ばれる国で野生動物・自然環境保全に関わる業
務に携わってきました。フィリピンのワニに始まり、インドネシアのコ
モドオオトカゲ、紅海のデュゴンとウミガメ、南アフリカのダチョウと
アフリカゾウ、キューバのウミガメ、モンゴルのオオカミやイヌワシ等
を対象にしてきました。モンゴルで地球環境の変化に危機感を感じてい
た2003年2月、JICA（国際協力機構）からマレーシア・サバ州での
ボルネオ生物多様性生態系保全プログラムに派遣されました。

　足掛け5年間のモンゴル全域の野生動物・生態系調査から、モンゴル
の自然環境は人が地球環境で生きていけるかどうかの危機を知らせてく
れる「カナリア」と考えるようになりました。鉱山で爆発を起こすガス
の噴出を知らせてくれるカナリアです。永久凍土融解、氷河後退、その

236　　第4章　共生と教育2

ために酔ったように傾いている木々は、子どもたちが生きていくのに危険が迫っているとカナリアが泣き叫んでいるようでした。

危機感を持ってサバ州に赴任し、熱帯雨林調査をしていた私は、その生物生産性の高さに驚くばかりでした。地球の命、地球の肺とも表現される熱帯雨林は、子どもたちが地球で生きていける「**最後の砦**」と考えるようになりました。

ボルネオ島の北のフィリピン南部パラワン島で観察したアジの一種は、卵巣や精巣が発達するのは1年のうち1カ月程度でしたが、サバ州では10カ月もの間、発達し続けていました。サバ州での鳥類標識調査では、1年のうち10カ月近く抱卵斑が観察され、いつも繁殖しているようでした。ボルネオにとどまるリュウキュウツバメは、年間5回も子育てすると報告されています。これだけの生物生産を支える熱帯雨林生態系が地球環境を安定させ、他地域の生物生産を支え、人が生きるために不可欠な空気、水、食べ物を作り出してくれていると知らされました。

ボルネオの森は、1億3000年前からの地球最古の森と報告されています。地球最古の森は、オランウータン、テングザル、ボルネオゾウ、スマトラサイなど多様な生物のすみかです。1980年以降、熱帯雨林は大規模に伐採され、スマトラサイは絶滅寸前、オランウータンも残り数万頭、ボルネオゾウは2000頭弱、テングザルやテナガザルの状態は不明という危機的な状態に追いやられました。サバ州で伐採された木の7割は日本企業が買いたたいて、莫大な利益を得ました。人よりはるかに長い歴史を持つ多様な生き物のすみかは縮小し、分断、隔離されていきました。伐採後、生物生産性の高い平たんな低地では大規模アブラヤシプランテーション開発が年6万haもの勢いで進みました。

私の仕事は、アブラヤシの海に浮かぶタビン野生生物保護区（約12万ha）、クランバ野生生物保護区（約3万ha）の生態系をつなぐ新しい保護区を造ることでした。しかし、保護区のほとりで生活する少数民族

ディドン族の３カ村の住民集会で、「また政府は保護区をつくって私たちから土地を奪うのか？」と厳しく非難されました。村人が守る保護区であることを説明し、エコツーリズム開発による便益を図り、研修を実施して、セガマ川下流域野生生物保全区（2700ha）を設置することができました。しかし、民有地となっていた約120ha の森を含むことができず、最終的に生態系をつなぐことができませんでした。一度民間に払い下げられた土地を政府が強制的に収用することは住民の経済活動の機会を奪うことになるため、住民と政府の間に紛争を起こします。土地を市場価格で買えないサバ州野生生物局はどうすることもできませんでした。

ボルネオ保全トラストの立ち上げ

　１億3000年の森を伐採した木材は、輸出されて企業利益の源となり、安価な商品として消費者に提供されました。マレーシア、インドネシアで世界の85％を生産するアブラヤシから採れるパーム油、パーム核油は輸出されて、化粧品、せっけん洗剤などの日用品からスーパーで売られるほとんどの食品の安い植物油脂原材料、外食産業の揚げ油として大量に使われています。アブラヤシから最終的な便益を得ているのは世界の消費者です。消費者は、安い原材料を生産するために激減した１億3000年の森のこと、奪われた生き物の命について全く知りませんし、知ろうともしません。結果、子どもたちが地球で生きていける**「最後の砦」**が破壊されていきました。世界の消費者が気付き、安価な原材料生産のために破壊される生態系を守る行動を起こしてくれない限り、問題を解決することはできません。

　地元政府が土地を強制的に収用すれば政府と住民の関係が悪化します。政府ではない組織が、熱帯雨林を破壊して利益を上げた企業、企業

238　　第４章　共生と教育２

の生産する商品で便利な生活を営む消費者から支援を得て、土地を適正な価格で購入して森をつなげるなら、問題を起こした企業や消費者と共に問題解決できると考えました。2006年、生態系をつなぐことを目標としたサバ州トラスト条例に基づくボルネオ保全トラストを設立し、私はトラストの運営責任者に指名されました。2007年、帰国後もボルネオ保全トラスト運営を継続し、日本から支援する特定非営利活動法人ボルネオ保全トラスト・ジャパンを設立して、日本での支援を広げる活動を始めました。

旭山動物園訪問

　ボルネオ保全トラストを支援する協力者を探し歩いていた2007年5月頃、初めて旭山動物園を訪問しました。来園者数で上野動物園を超えた動物園と聞いていましたが、詳しいことは全く知らない状態での訪問でした。私はそれまでに何度も保全現場から日本の動物園に協力を求めましたが、反応してくれたことはありませんでした。日本の動物園は、展示している動物の命、命が所属する生態系を守ることに興味が全くない動物の監獄、見世物小屋と考えるようになっていました。私は初対面にもかかわらず、坂東元園長（当時副園長）に「命の見世物小屋のような動物園は嫌いだ。動物の命を預かる以上、入園者数で競うのではなく、その命のためにやらなければならないことがあるのではないか？　彼らの生息地で起きていることを来園者に知らせてほしい」といったようです。面談を取り持ってくれたボルネオ保全トラスト・ジャパンの事務局長は、けんかになるかとハラハラしたそうです。坂東園長は「すごく悔しくていまでも覚えている。でも、同時にブームになって悩んでいた心に響いた」と後のテレビや新聞の取材で話しています。

私の共生社会構築の実践——旭山動物園と共に伝える命の授業　　239

氾濫原森林でのボルネオゾウ追跡

　面談から半年後、坂東園長はボルネオ島サバ州に来てくれました。あいにく氾濫時期でキナバタンガン川下流域の保護区は水があふれていました。雨模様の中、キナバタンガン川下流域にわずかに残る熱帯低地林を案内し、オランウータン、テングザル、カニクイザルなど多様な生き物に会うことができましたが、ボルネオゾウになかなか会えませんでした。ワニやキングコブラも生息している氾濫した森の中、時折首まで水に漬かりながら、園長は森の中でゾウを必死に追跡し、わずかに後ろ姿を見ることができました。この訪問で、園長は熱帯雨林の生物の豊かさ、野生動物のすごさ、危機的な状況を体感してくれました。この坂東園長との出会い、その後の活動が、ドラマ「旭山動物園日記」として紹介されました。

　次に、園長は旭山動物園の職員を連れてボルネオゾウの移動作業を見に来てくれました。海のように広がるアブラヤシの中に残る数haの森に逃げ込んだボルネオゾウ2頭の移動作業です。気温30度以上、湿度90%の森の中、プランテーションから借りたショベルカーで道を造りながらの作業です。日没のためにケージに入れたゾウを解放することができず、一晩、係留することになりました。ケージの中で目覚めたゾウは、ケージの鉄の棒を2つに折ってしまっていました。園長一行は、まず安全な救出用ケージを寄贈しなければという思いで帰国しました。

「恩返しプロジェクト」とその成果

　坂東園長は、私がたくさんの賛同者と共に2008年に立ち上げたボルネオ保全トラスト・ジャパンに理事として参画してくれました。旭山動物園として、展示している命であるオランウータンのふるさとの恩恵を受

けて便利な生活を営んできた日本から、その恩を返す「恩返しプロジェクト」を開始してくれました。機会があるたびに講演して、動物園としての取り組みを話してくれました。オランウータン舎の横にオランウータンのふるさとを伝えるポスターを展示し、現地を体感した職員が、自らの言葉で来訪者に現地の様子を伝え始めてくれました。

　賛同した企業が、購入代金の２％をプロジェクトに寄付するアニマルクラッカーを販売し、さらに、購入代金の５％を寄付する寄付型自動販売機を設置してくれました。このプロジェクトを知った子どもたちは、寄付型自動販売機を選んで飲み物を購入し、お土産にアニマルクラッカーを買ってくれました。そのお金が集まり、2009年９月、最初のボルネオゾウ救出ケージを寄贈できました。2013年には、改良した２台目の救出ケージとボルネオゾウの一時係留施設を寄贈することができたのです。

命の授業の始まり

　ボルネオ保全トラスト・ジャパンには旭山動物園を含む多くの動物園関係者が参画し、オランウータンの個体群をつなぐつり橋設置や環境教育を実施してくれています。動物園と協力した講演会、観察会、森をつなぐゲームやさまざまなイベントを開催し、ボルネオの森と自らの生活の関係を知ってもらう活動をしています。旭山動物園は、さらなる取り組みとして、「パーム油って何？」という出張授業を旭川市の小学校５年生を対象に開始してくれました。旭山動物園への訪問をきっかけとして、オランウータンの「ふるさと」で起きていることを知るために、スーパーに行ってどんな商品にパーム油が使われているかを調べ、発表し、子どもたちに何ができるか考える、１年をかけた授業です。

　来日中のサバ州野生生物局局長が発表会を参観し、子どもたちの「オ

私の共生社会構築の実践—— 旭山動物園と共に伝える命の授業　241

ランウータンの力ってどのぐらいですか？」「オランウータンは人を襲うことがありますか？」等の真剣な質問に真摯（しんし）に答えてくれました。子どもたちも現場の話を聞き、どうしたらいいのか考える意欲がますます高まりました。そして、子どもたちは周りの環境を大切にし、身近な公園のごみ拾いや、地域の自然、生き物の命を大切にすることから始まるのだという素晴らしい結論を見いだしてくれました。

命の授業を広げる講習

　2013年10月、旭山動物園と協働で星槎大学教員免許更新講習「命の授業のつくりかた」を実施しました。1日目は、坂東園長、「命の授業」の責任者佐賀真一さんと私の講義、2日目は子どもになった気分で旭山動物園を楽しむジトカン（ジッと観察する、を縮めた言葉）、3日目は「命の授業」の作り方ワークショップと発表です。教師の皆さんは、私たちの話に耳を傾け、初めてのジトカンに戸惑いながらもいろんな発見をしてくれました。授業案の発表は、地域の施設や自然を題材にした、すぐに開始できる「命の授業」となっていました。多様な生き物の命の状況を知り、本物の命に迫る危機と自らの生活との関係を理解し、多様な生き物の命と共に生きていく社会をつくる行動を考える「命の授業」の広がる可能性を感じた講習となりました。

子どもたちが共生社会をつくるために

　子どもたちが地球で命をつないでいけるかどうかの危機を知らせるカナリアであるモンゴルの自然環境が、泣き叫び続けています。子どもたちが地球で生きていける最後の砦、熱帯雨林が破壊され続けています。原因は生き物の命を乱用する私たちです。生き物の命を身近に感じ、大

切に思い、原因となっている人間の活動と社会構造を理解することは、未来の社会をつくっていく子どもたちに不可欠なことです。ボルネオ保全トラスト、ボルネオ保全トラスト・ジャパンの活動は、仕事を通して生き物の命を常に身近に感じてきた私の共生社会構築の実践です。坂東園長、旭山動物園と出会い、実践してきた「命の授業」は、子どもたちが多様な生き物と生きていくために自ら考える教育の実践例となりました。この「命の授業」をたくさんの教師の皆さんに伝えたいと思います。たくさんの教師の皆さんに地域の環境・人材、施設を使って「命の授業」を展開してもらい、未来の社会をつくっていく子どもたちが、生き物の命を身近に感じ、いまの大人がつくった間違った社会を正していく行動を始める勇気を育んでほしいと考えています。

【参考文献】

● 『ゾウの森とポテトチップス』横塚眞己人　そうえん社（2012）

● 『夢の動物園　旭山動物園の明日』坂東元　角川学芸出版（2008）

● 『NATIONAL GEOGRAPHIC（Nov Issue）』National Geographic Society（2008）

● 『地球環境と人間活動―次代を担う子どもたちに伝えたい事―』星槎大学環境テキスト出版会編

活私開公、グローカル、WA
── 共生社会実現のための公共哲学

山脇直司

星槎大学学部長。東京大学名誉教授。東京大学教養学部教授等を経て現職。専門は公共哲学、社会思想史、現代社会論。

　以下では、「人を排除しない」「人を認める」「仲間を作る」という星槎グループの理念に見合うような、また「人と人、国と国、人と自然が共生する社会の実現」という星槎大学が掲げる21世紀最大の課題に資するような「公共哲学（パブリック・フィロソフィ）」を展開してみたいと思います。

はじめに──公共哲学とは何か

　まず、公共哲学とはいったい何かを、簡潔に述べておきましょう。公共哲学とは、日本で2000年代から急速に人口に膾炙し始めた学問で、日本を代表する大辞典『広辞苑』第六版では、「市民的な連帯や共感、批判的な相互の討論にもとづいて公共性の蘇生をめざし、学際的な観点に立って、人々に社会的な活動の参加や貢献を呼びかけようとする実践的

244 ｜ 第4章　共生と教育2

哲学」と定義されています。私自身は、1996年以降、東京大学教養学部（大学院総合文化研究科）で公共哲学という科目を担当し始め、2004年以降、新書や選書や単行本を著してきました。そして、いまではそれを、「より善き公正な社会を追究しつつ、現下で起こっている公共的諸問題（public issues）について、当事者意識を持った市民たち（the public）と共に論考する実践的学問」と理解しています。

　日本以外では『ハーバード白熱教室』で一躍有名になったマイケル・サンデルが、現代のアメリカを代表する公共哲学者の第一人者です。しかし、言葉は耳新しくとも、この学問は、古くは古代ギリシャのアリストテレスの実践学（倫理学、政治学、説得術）や東アジアの孟子の思想にまでさかのぼることができる由緒ある学問だといってよいでしょう。

　では、なぜこの学問が現代の日本で急速に広まったのでしょうか。私の考えでは、従来の大学のたこつぼ的な学部構成では不可能な、「多様な現場で起こる公共的諸問題」と「より善き公正な社会という理念（ビジョン）」と「実現可能な政策」とを結び付ける役割が公共哲学に強く期待されているからに他なりません。公共哲学は、教育、福祉、環境、国際関係、スポーツ身体表現という星槎大学共生科学部の5大分野をはじめ、政治、経済、メディア、科学技術、健康、医療など、さまざまな分野を横断する実践的な学問です。それは、教育問題、福祉問題、環境問題、国際問題、経済問題、メディア問題、科学技術問題、医療問題などさまざまな公共的な諸問題と取り組む、1つの専門分野に収まりきれない「諸学問横断的な学問」といってよいでしょう。ですから、既存の大学の学部構成に見られるようなたこつぼ的な専門主義では、そもそも公共哲学が成り立ちません。あまり外に目を向けることなく、専門分野の中だけで学問しようとするような考え方では、そういった役割を担うことは難しいのです。中学・高校の授業科目との関連で言えば、取りあえずそれは、公民科を構成する現代社会、政治経済、倫理を「実践的な

視点で統合」するような学問だと理解してください。

　では、このような理解を基に、私自身がオリジナルに展開している「活私開公（かっしかいこう）」と「グローカル」と「WA」をキー概念にしながら、「共生社会実現のための公共哲学」を展開していきましょう。

活私開公というライフスタイル

　社会という概念は多義的ですが、ここで「人間が集まって共同生活を営む際に、人々の関係の総体が一つの輪郭をもって現れる場合の、その集団」（『広辞苑』第六版）という定義に従うならば、「個人と社会との関わり方」には、どのようなパターンが考えられるでしょうか。私はそれを、次の5つに分類したいと思います。

①滅私奉公（めっしほうこう）——私という個人を犠牲にして、お国＝公や組織のために尽くすライフスタイル
②滅公奉私（めっこうほうし）——私という個人のために、他者や公正さやルールを無視するライフスタイル
③滅私滅公（めっしめっこう）——自暴自棄や無気力なライフスタイル
④活私開公（かっしかいこう）——私という個人一人一人を活かしながら、他者との関わり、公正さの感覚、公共活動、公共の福祉などを開花させるライフスタイル
⑤無私開公または滅私開公（むしかいこう）（めっしかいこう）——私利私欲をなくして、他者や公共活動や公共の福祉を開花させるライフスタイル

　まず①の「滅私奉公」は、年配の方ならご存じかと思いますが、1930年代から敗戦までの日本人に強いられ、美化されたライフスタイルです。この時代には、「滅私奉公」を理想とし、日本の各地の教育現場では、

246　第4章　共生と教育2

1890年に発布した教育勅語を生徒にたたき込むような態勢が強まりました。教育勅語は明治中期に発布されたものですが、大正デモクラシーの時代には、自由主義教育を校風とする私学が設けられ、教育勅語のそうした側面は強調されていませんでした。しかし、1930年代に日中戦争が本格化し、国民精神総動員運動が唱えられるに至って、教育勅語のそうした側面が強調されるようになったのです。そして、「私利私欲を捨てて天皇や国家に自分を奉じる」という意味で、滅私奉公が挙国一致のためのライフスタイルとして人々に強制されました。

自分を犠牲にして全体としての公に仕えるという意味での滅私奉公は、いわゆる「右翼」と呼ばれる国粋主義や露骨な資本主義だけに見られるものではありません。それは、例えば文化大革命期の中国に見られるように、「左翼」と呼ばれる社会主義や共産主義でも美化されてきました。

また、「個人一人一人を犠牲にして組織全体のために尽くす」という考え方やライフスタイルも「滅私奉公」と見なすならば、現代の日本でも、自分を犠牲にして会社や何らかの組織に尽くすことを最高の価値とする考えは、奉公の対象が戦前の国家から戦後の会社に代わっただけなので、「滅私奉公」と呼んでよいと思います。過労死や過労自殺などはその痛ましい帰結でしょう。また、1980年代に一部の自治体に見られたような超管理型教育も、「滅私奉公」の典型的なパターンといえます。

いずれにしろ、このようなライフスタイルでは、個人の多様な生き方や考え方が排除され、強制的な画一化が要求されるだけであり、個性を認め合いながら「人と人との共生」などできません。

次に②の「滅公奉私」ですが、この造語を最初に使ったのは、社会学者の日高六郎です。彼は、1980年刊行の『戦後思想を考える』（岩波新書）で、政治の在り方など公共的問題には無関心なまま、もっぱら自分の私

活私開公、グローカル、WA──共生社会実現のための公共哲学　247

生活を楽しめばそれでよい風潮をそう名付けました。ここでは、そういう使い方を発展させ、「他者や公正さやルールを無視して自己のことだけ」を追求する考え・行動・ライフスタイルを、「滅公奉私」と呼びたいと思います。

「滅公奉私」は、教育の場では、生徒間のいじめはもちろん、授業中の私語、教師のえこひいきなどに見られます。また組織の中での種々のハラスメント（セクハラ、パワハラ、アカハラ）、汚職（賄賂）やインサイダー取引など、数々の例が挙げられるでしょう。ルール違反に関しては、例を挙げるまでもありません。

　このような「滅公奉私」では、「善き公正な社会」など実現しそうにないですね。

　③の「滅私滅公」は、やけになって自分自身をも粗末にしてしまうようなライフスタイルです。これは、大人によく見られますが、最近は青少年にも少なからずよく見受けられるようです。無気力で他人を顧みないどころか、自分をも顧みずに破滅してしまうようでは、そもそも健全な社会生活が成り立たないでしょう。

　以上見たように、滅公奉私と滅私滅公では、「善き公正な社会」が生まれず、滅私奉公ではゆがんだ全体主義＝画一社会しか生まれません。それらに対して、「善き公正な社会」の実現のために、本稿が推奨したいのは、何よりも④の「活私開公」であり、次にそれをサポートする限りでの⑤の「無私開公」ないし「滅私開公」です。

「活私開公」は、先の定義にあるように、「私という個人一人一人を活かしながら、他者と関わり、公正さの感覚、公共活動、公共の福祉などを開花させるライフスタイル」を指します。そもそも「私」という個人は、互いに置き換えることのできない「独自性」を持って生きているの

で、それを「互いに認め合う」ことから出発しなければなりません。

　まず、人の体は、それぞれ違った組み合わせを持つＤＮＡ（デオキシリボ核酸）と呼ばれる遺伝情報を担う物質によって規定されています。そして最近の研究によって、人間のＤＮＡには大きな個人差が存在しており、その違いによって、病気の発症のしやすさなどの差となって現れるということが広く知られるようになりました。また、体形や体力や身体能力は、人それぞれで違っていることは、皆さんのこれまでの学校生活からも、よくお分かりでしょう。このように、自分が生まれついた体には、他者と置き換えることのできない多様性＝個性差が存在します。これを互いに認め合うことは、とても大切なことです。

　次に、人それぞれの性格や得意分野にも独自性があります。周りを見回しても、活発で明るく、やんちゃな人もいれば、はにかみがちでシャイな人もいることでしょう。そうした性格の違いは認め合わなければなりません。また、スポーツが得意な人、音楽が得意な人、美術が得意な人、数学や理科が得意な人、社会が得意な人、英語が得意な人、国語が得意な人など、さまざまいるでしょう。それらを互いに認め合い、それぞれの得意分野を各自が伸ばすことが大切です。このようにしてこそ、生き生きとした活気あるライフスタイルとしての「活私（一人一人の独自性を活かすこと）」が可能になります。

　ただし、人それぞれの独自性を活かすことは、「他者と公正（フェア）に関わる」という観点で補われなければなりません。人それぞれが生まれ育つ生活環境は、お金持ちの家に生まれ育つ人、貧しい家に生まれ育つ人、ご両親のいない生活環境で育つ人、日本に住みながらも日本国籍を持たない生活環境で育つ人など、偶然と多様性に満ちています。それらについて「配慮」し、必要な場合に「扶助」することが、「他者と公正に関わること」を意味します。

　ですから、この扶助や配慮という観点は、「公正（フェアネス）」とい

活私開公、グローカル、ＷＡ——共生社会実現のための公共哲学 249

う価値で支えられるのです。例えば、また、ある分野に優れた能力を持っていたとしても、それを伸ばす生活環境がアンフェア（不公平）ならば、それを「正す」必要があるでしょう。各自の生活環境の多様性や違いが差別になってはいけないのです。能力があっても、貧しい生活環境のために勉強を続けることができない人がいる場合には、「公正」という観点から、何らかの扶助の手が差し伸べられる必要があります。ここで、「活私」が「開公（他者との関わり、公正さの感覚、公共活動、公共の福祉などを開花させること）」につながります。

　このように、私たち一人一人の個性が「公正さ」によって補われてこそ活かされることが理解できるでしょう。以前には、平等は個性を奪うという主張もよく見られました。しかし、それは、「均質」という意味の平等と、「公正」という意味の平等を取り違えた意見です。均質という言葉には、みんなが同じ画一的な性質を持つというニュアンスがありあます。そのため、均質という意味の平等は個性を奪うかもしれませんが、公正（フェア）という意味の平等は、そのような画一的なニュアンスよりも、「機会の平等」というニュアンスが強い言葉であり、「多様な個性を活かす」ための理念として考えられなければなりません。

　こうした「一人一人の個性を活かすような」仕方で他者とコミュニケーションし、公正のみならず、公共の福祉、平和、人権など、他者と共有し合える「公共善・公共的価値」の実現を願い、差別、貧困、戦争、人権弾圧、差別、環境破壊などの「公共悪」や、地震、津波などの「公共的災禍」を除去するために何らかの努力するライフスタイルこそが理想的な「活私開公」のライフスタイルといえるでしょう。ただし、その実現のためには、どうしても、⑤として挙げた「無私開公」ないし「滅私開公」というライフスタイルが、政治家、組織のリーダー、公務員、医療関係者、教育者、宗教者などに要求されざるを得ません。

　特に、例えば大震災のような何らかの緊急事態が発生したときに、ま

250　　第4章　共生と教育2

た、さまざまな理由でＰＴＳＤ（心的外傷後ストレス障害）に悩まされる方たちをＰＴＧ（心的外傷後の成長）としての「活私開公」へ至るよう支援するために、先に挙げた方々の「無私開公」や「滅私開公」の活動は不可欠です。

　ただしこの場合、どこまでも④「活私開公」を一般市民の理想的なライフスタイルとし、その実現のために、政治家、組織のリーダー、公務員、医療関係者、宗教家、教育者などによる⑤「無私開公」「滅私開公」が要求されると考えるべきでしょう。言い換えるなら、「活私開公」というライフスタイルの実現や浸透が目的であり、「無私開公」や「滅私開公」はそのための手段なのです。こうした観点での④と⑤の組み合わせによるシナジー効果（相乗効果）が、日本国憲法13条に記されている「諸個人の尊重」と「公共の福祉」を両立させ、「活力と思いやりに満ちた共生社会」を実現するために、極めて重要だというのが、私から皆さまに伝えたい第一のメッセージです。

グローカルという視点

　次に「グローカル（glocal）」というコンセプトに移りましょう。

　グローカルという形容詞は和製英語で、英語の辞書には載っていません。けれどもこの言葉は、イデオロギーの違いを超えて日本ではさまざまな形で用いられています（地域情報誌『日経グローカル』（日本経済新聞社 産業地域研究所）、新左翼系機関紙『グローカル』（工人社）、早稲田大学の「グローカル・ユニバーシティ」の理念など）。しかし私は、独自な形でグローカル公共哲学を数年前から提唱・展開しており、それに即しながらこのコンセプトについて述べたいと思います。

　21世紀に入って、盛んにグローバル化という言葉が使われ、最近ではグローバル人材という言葉まで使われ始めました。そしてそうした動き

活私開公、グローカル、ＷＡ——共生社会実現のための公共哲学　251

への反動として排他的なナショナリズムの動きもあちこちで見られるようになっています。一方で、グローバル化がアメリカ主導の世界経済の支配や多様な文化の均質化であるとすれば、これは嘆かわしいことです。他方、排他的なナショナリズムは常に外部に敵をつくる傾向にあります。そういう状態では、「国際レベルでの共生社会」の実現は、おぼつかないでしょう。ですから、そういう現状を打破するために、グローカルという発想が必要になってきます。

そもそもローカル＝ local という形容詞は、「田舎の」ではなく、「その地方に特有な」とか「一定の場所の」を意味しています。またグローバルが「地球的な」を意味することは、広く知られています。そこで私は、この２つを組み合わせ、「それぞれの地域や現場に即しつつ地球的な」という意味の形容詞としてグローカルを用います。

この点を公共哲学と結び付けて学問的に基礎づけてみましょう。まず、英語の local が、「the place of activity（活動の場）」という意味を持つラテン語由来の英語の名詞 locus（ローカス）から派生する形容詞であることに着目します。その上で、local の名詞形である locality（ローカリティ）に、各自が置かれた「地域性」と「現場性」の双方の意味を付与します（ちなみに『Cobuild 英語辞典』では、Local means exiting in or belonging to the area where you live, or to the area that you are talking about. という説明がなされています）。そうした語義を踏まえて、「各自が置かれたそれぞれの地域や現場で、地球的な公共的問題 public issues を考える実践的学問」として、グローカルな公共哲学を構想するのです。

それは、論者が天空から見下ろすような観点ではなく、特定の地域や現場に根差す人々の観点から、公共的諸問題と取り組む学問として方向付けられます。それによって、各自が生きる現場や地域の文化的伝統、歴史、自然環境というレベルでの多様性が尊重されつつ、福祉や人権や

平和などの「文化横断的な公共的価値」に基づく「善き公正な諸社会」の論考を可能にするのです。

　ではこのテーマを、分かりやすい具体例を引いて考えてみましょう。「地域文化の多様性」についていえば、日本国内といえども、地域文化は実に多様です。例えば、沖縄、九州、関西、北陸、関東、東北、北海道では、それぞれ言葉も風習も違っています。そこで大切なのは、自分と他者を理解する上で、これらの文化環境の違いをできるだけ念頭に置かなければならないということです。そしてその際、ある文化環境の方が他よりも優れているなどと思い上がることは許されません。かつては、「標準語」を話す東京に住む人（あるいは生徒）が田舎から出てきた人（あるいは転校生）の「方言」をからかうということがよくありました。けれども、そうした標準語という考え方こそ問題にされなければならないでしょう。なぜならそれは、明治時代に、東京の山の手地区という限られた地域の中流階級の人たちが話す「特定の日本語（東京方言）」を、明治政府が「標準的な日本語」と一方的に定めた概念だったからです。標準語という概念の特殊性が問われている現在では、むしろ「各地の方言」が持つ豊かさを互いに認め合わなければなりません。

　さらに、日本に住んでいる人々は、生粋の日本人だけではないことに注意する必要があります。日本国籍を持ちながらも、日本以外の多様な文化環境で育った帰国子女と呼ばれる生徒が、毎年１万人以上帰国しています。また、外国籍生徒の割合は、年々増加しており、日本のある小学校では、日本国籍を持たない児童の数が半数を超えたことが報告されています。そして決して忘れてはならないこととして、日本に長く住みながら日本国籍を持たない在日コリアンと呼ばれる生徒の方々も多数います。

　学校生活以外でも、日本に住む外国籍の人々は毎年増加しています。これからも、多くなることはあっても、少なくなることはないでしょう。

活私開公、グローカル、ＷＡ── 共生社会実現のための公共哲学　253

そうした人々の「多様な文化環境を承認」し、さらに進んで、そうした人々の「文化環境の歴史」も理解するように努めなければならないと思います。それが、国内での「共生社会」を可能にするからです。なお、このテーマは、必ずしも国内的な問題ではなく、マイノリティの権利や多文化主義など、グローカルな公共的テーマであることを指摘しておきます。

実際、視野を国際社会に広げるならば、言語の違いをはじめ、文化環境の違いは一目瞭然です。そうした違いを超えてコミュニケーションするために、現在では英語が広く使われるようになりました。その意味で、英語教育の普及はやむを得ないことですが、その場合でも、日本語における「標準語」の問題と同様、英語を母語として使う人々の文化が特権化されることがあってはならないと私は思います。

繰り返しますが、今起こっているグローバル化が国際社会を均質的に理解することであってはなりません。英語はどこまでも、多様な他者とコミュニケーションするための手段だという自覚が、英語教育に伴わなければならないのです。

さて、このように「各自が置かれた諸文化の多様性」を承認することは非常に大切ですが、それは、それぞれが自分の文化や流儀に従って勝手にやるべきだということではありません。このような、「悪しき相対主義」と呼ばれるような考え方を貫くならば、文化の違いを超えて皆が共有できる公共的善・公共的価値や、文化の違いにかかわらず除去しなければならない公共悪や災禍は一切ない、ということになってしまうからです。その場合、人々の福祉や平和や人権といった公共善・公共的価値の存在は否定され、構造的な不平等や差別などの公共悪ですら「その文化の特徴である」として見逃してしまうような事態に陥りかねません。また、自然災害のような災禍でも、自分たちには関係ないといった無関心の世の中になってしまうでしょう。

254　第4章　共生と教育2

それに対して私は、福祉や平和のような公共善、構造的不平等や差別
や戦争などの公共悪、人力ではどうしようもない自然災禍などの認識
は、どのような文化環境に生きる人々にとっても、共有できるものだと
考えています。こうした文化環境の違いを超えて共有ないし認識し合え
るものを、「文化横断的な公共善・公共的価値、公共的悪・災禍」とい
う言葉で呼ぶこともできます。それらは、文化環境や国籍の違いを超え
て、人々が承認し合うような価値や悪・災禍です。その意味で、自分と
他者と公共世界を理解する際には、上述したような多様性が不可欠であ
ると同時に、普遍性の視点も不可欠であり、それを私は「グローカルな
視点」と呼びたいのです。

　ここで、このような考えをサポートするような国際社会の動きを1つ
紹介してみましょう。
　2001年11月、9.11事件の直後、パリに本部を置くユネスコ（国際連合
教育科学文化機関）の総会は、グローバル化がアメリカなどの覇権国に
よる文化の均質主義をもたらさないように、「文化の多様性に関する世
界宣言」を満場一致で採択しました。その骨子は、「自然界に種の多様
性が不可欠な如く、人間の生存のためには文化の多様性が不可欠であ
る」という文言に象徴されます。この世界宣言は「他者」に対する認識
を根本的に変えたことに注意すべきでしょう。すなわち「自己の存在の
ために他者（非自己）の存在は不可欠」という認識、「自分は他のすべ
てによって生かされている」という考え方です。
　この宣言に基づいて提案された「文化の多様性に関する条約」（正確
には、文化的表現の多様性の保護及び促進に関する条約）に対して、ア
メリカは、2003年のユネスコへの正式復帰を待たず、この条約を準備す
る全ての専門家会議、政府代表会議に参加、市場原理を擁護するWTO
と共に強烈な論陣を張りました。しかし、「魂の領域に市場原理を認め

活私開公、グローカル、WA──共生社会実現のための公共哲学　　255

ず」とするこの条約は、アメリカの激しい抵抗にもかかわらず、2005年秋のユネスコ総会で圧倒的多数で可決されました。反対はアメリカ・イスラエルの2国のみ、棄権もオーストラリア等4カ国のみでした。何かにつけアメリカ追従と批判される日本もこのときばかりは賛成票を投じ、イギリスも賛成でした。

　しかし他方、ユネスコは「万人に教育を」というスローガンを掲げ、戦争、貧困、人権弾圧に反対し、平和、福祉、人権などの「文化横断的な公共的価値」の世界への浸透を強く主張し、自然災禍の犠牲者たちの公共的な援助を訴えています。文化の多様性の承認と同時に、そのような価値の実現や悪の除去、災禍からの復興も人類の大きな課題とされているのです。

　それは各自の置かれた地域や現場に根差しつつ、全人類史的な展望の中で、戦争、人権弾圧、不正義などのグローバルな公共悪や大災害という過去の「負の遺産」を乗り越え、平和や正義や基本的人権などの文化横断的な諸価値や人々の復興を実現するという「新たな未来」を共に創出していくようなグローカルな考え方を要求するでしょう。

　日本に即していえば、沖縄、広島、長崎などは、20世紀の戦争の悲惨さを「公共的に記憶」しつつ、平和を希求する「グローカルな現場や地域」として理解されなければならないでしょう。実際、毎年行われる式典（6月23日、8月6日、8月9日）は、グローカルな式典です。また、従来の陸中海岸国立公園に代わって最近設けられた三陸復興国立公園は、大津波で亡くなった多くの方々を追悼しつつ、自然の恵みと自然の脅威を共に学び考える「グローカルな地域・場」であり、メモリアル・パークとして理解されなければならないでしょう。ポスト3.11の「自然との共生」はこういう形でなされる他ありません。

　このようにグローカルな視点によって、文化の優越主義や均質化を批判しつつ、文化横断的な公共的価値が語られ、「人と人」「地域と地域」

「人と自然」との共生が可能になることを、切に願う次第です。

WA（和、輪）

さて上述の文化横断的な公共的諸価値の中でも、「人と人」「地域と地域」「国と国」の共生にとって特に重要なのは「平和」です。冷戦体制が終わった1990年代以降の歴史を振り返ってみても、湾岸戦争、旧ユーゴスラビア（ボスニア・ヘルツェゴビナ）での内戦、コソボ、アフガン戦争、イラク戦争、そして最近のシリア内戦によって、何万人もの犠牲者が出ました。パレスチナのみならず、エジプトなどでも政情不安な毎日が続いています。そのような現状を見ると、ユネスコ憲章の「戦争は人の心の中で生まれるものであるから、人は心の中に平和のとりでを築かなければならない」という素晴らしい言葉も空虚に響くほどです。

しかし日本は、アメリカの傘の下とはいえ、平和憲法に支えられ、戦後70年間近くも戦争のない状態を享受してきました。このような日本から平和の哲学を発信できないだろうかという思いから、私は日本語の和と輪を意味する「WAの哲学」をユネスコ主催の哲学会議で展開してきたので、それを紹介することにいたします。

アルファベットで表されたWAは、何よりもWAR（戦争）との対比で考えられた「平和の和」と「連帯の輪」を意味します。しばしば混同されますが、「和」は「同」と同義ではありません。そこで、公共的なコミュニケーションにとって重要な東洋の一つの伝統的思想を引き合いに出してみましょう。それは、「和して同ぜず」という思想です。これは孔子の『論語』（子路）に出てくる格言で、たいていの方はご存じかと思いますが、活私開公型のコミュニケーションにとって重要なので、あらためて説明します。

『論語』の「君子は和して同ぜず、小人は同じて和せず」の中の「和し

活私開公、グローカル、WA——共生社会実現のための公共哲学　257

て同ぜず」とは、意見が違う人がいろいろいるとしても、そういう中でも仲たがいせずに、意見の違いを認め合いながら協力し合う、という意味です。これに対して、「同じて和せず」とは、表面的に「そうだ、そうだ」と互いに同意して合わせるようにしても、陰では悪口を言い合い、足を引っ張り合っている状態を指します（『論語』金谷治訳注、岩波文庫、1999）。これを現代風に言い換えれば、本当の意味での「協調社会」というのは、同調社会ではなく、「一人一人の異なる意見を尊重する『和』の社会だ」といえましょう。

　また、同じ中国古典の『春秋左氏伝』には、和は、いろいろな食材をうまく調和させてスープを作るようなもの、辛・酸・甘・鹹（塩辛い）・苦の五つの味を調えるように、異なるものを混じえて調和することであるのに対し、同は一つの味だけを集めることだと記されています。また、為政者と臣下の関係も同じであり、為政者がそうだといえば、臣下もそうですねと同調し、為政者が駄目といえばそれに黙って従うというイエスマン的な態度が「同」であり、それに対して、もし為政者の考えが間違っていると思えば、臣下は為政者に進言してそれを正しいものに変えることが「和」だと記されています。このような「和」の態度によって初めて、政治は平穏で礼儀に背かず、民に争奪の心がなくなるというのです（『春秋左氏伝　下』小倉芳彦訳、岩波文庫　1989）。

　さらに春秋時代の国別の記録を集めた書である『国語』には、和が「物を生じ」「継ぐ」性質であるのに対し、同にはそのような性質がないと明記されています（『新釈漢文体系67国語　下』大野峻、明治書院、1978）。

　私がこのような古い格言をここで引用するのは、どうしても同意できない意見の食い違いがあった場合、「和して同ぜず」の態度をとってほしいと願うからです。個性を持った一人一人の意見が多様なために、コミュニケーションし合っても、合意に至らないことは多々あります。そ

のようなときに、渋々同調しながら意見の違う人の陰口をたたくというのは、「同じて和せず」の態度そのもので、潔くありません。そうではなく、互いに違う意見を尊重し合いながら、自分がどうしても正しいと思う意見は軽々しく譲らないという態度が「和して同ぜず」なのです。少し勇気がいるかもしれませんが、こういう態度によってこそ、憲法19条に記された「思想及び良心の自由」が活かされるでしょう。

　また、この考えを重んじるとしたら、「みんな仲良く」という場合、「みんな」を均質な集団ではなく、「それぞれが個性を持つ、異なる個人の集まり」として考えなければなりません。「違いを認め合う」という点で、「和の精神」と上述した「活私開公」が両立するようになり、また、『国語』に示されているように、ダイナミックな人間関係の発展が可能になるでしょう。

　さて、中国の古典を引用するだけでは物足りないので、ここで日本語の特徴を活かすことにしましょう。「和」という漢字には、「和らぐ」「和らぎ」「和やか」「和む」という日本語の訓読みがあります。そこでは「柔らかい」とか「柔和な」といった意味が、ソフトなイメージが入ってきます。おそらく、こういったニュアンスは中国思想における「和」には必ずしも入っていないのではないでしょうか。つまり、訓読みを通して見た日本語の「和」には、「心の平安」といったニュアンスが入ってくるわけですが、そこには、おそらく儒教だけでなく、仏教的な要素の影響があるのだと思われます。

　こうした日本的な「和」からは、男性的なたくましさというよりも、女性的な優しさから出てくるような平和概念が考えられます。つまり、男性中心主義的で闘争的な平和運動ではなく、「柔和で和やかな平和の輪」という意味での「WA」に基づいた平和思想と平和のための「輪」の可能性が含意されているということです。そして、この「輪」が国境を越えて広がることが、21世紀の平和実現のための公共哲学として考え

活私開公、グローカル、WA──共生社会実現のための公共哲学　259

られていくべき理念だと私は考えております。

　ですから「ＷＡ」というものは次のようなものだということになるでしょう。まずは、東洋思想の伝統において、「同」と対比された、何よりも多様性を認め、発展を生み出していくようなダイナミックな協調の原理としての「ＷＡ」です。そして次に、日本の伝統において、非常にソフトでありながら、平和を目指して助け合いを行っていく平和で和やかな「ＷＡ」です。こうした「ＷＡ」は、まさに西洋に対して、日本から発信し続けていくべき理念だと思います。

　ただし、ここで一点注意すべきは、それがまあまあ主義に堕したり、個人やマイノリティ（少数者）の抑圧の正当化に加担しないように、ＷＡは「活私開公」、特に「開公」の概念に含まれる「社会的公正」の理念で、補完ないし強化される必要があるということです。「社会的公正を求める人々の輪」も必要なのです。また、さらにそれに付け加えるとすれば、「和解（reconciliation）」という理念でしょう。和解と聞くと裁判の場面での意味がまず思い浮かぶかもしれませんが、この場合の和解とは、互いにけんかした場合、その状態を続けるのではなく、何らかの調停を経て、互いに謝り許し合うこと、もしくは、加害者が正当な償いなどを経て謝罪をした場合に、被害者と仲直りするということです。それは、決して簡単なことではありませんが、これが公共哲学的な「和解」の意味で、「関係修復的な正義（restorative justice）」とも呼ばれています。

　このようにいろいろな含みのある概念として「ＷＡ」を考えてみることで、「心の平和」と「社会の平和」が両立し得るものとなってきます。英語で表せば、「和して同ぜず＝ Harmonizing in Diversity and Reconciliation」ですね。いずれにせよ重要なのは、「活私開公の連帯のＷＡ（和と輪）」が広がり、それによって、星槎の理念である「人を排除しない」「人を認める」「仲間を作る」ことが推進され、「人と人との

260　　第４章　共生と教育２

共生」に基づく「地域と地域の共生」や「国と国との共生」が可能になることでしょう。

　では、最後の節では、この課題をより学問的に追究するために、公共哲学的な観点から、共生科学の方法論について述べてみたいと思います。

共生のための学問の方法

「はじめに」の箇所で、私が「より善き公正な社会を追究しつつ、現下で起こっている公共的諸問題（public issues）について、当事者意識を持った市民たち（the public）と共に論考する実践的学問」と定義した公共哲学は、単なる倫理的主張で終わることはできません。公共哲学には、「より善き公正な社会という理念（ヴィジョン）」と「多様な現場で起こる公共的諸問題」と「実現可能な政策」とを結び付ける役割が強く期待されているからです。

　従って公共哲学は、「理想か現実か」という二者択一は採りません。冷徹な現実の認識を踏まえつつ理想を追求するという「現実的な理想主義」や、理想を追求しつつそれがどこまで実現可能なのかを模索する「理想的な現実主義」が公共哲学の取るスタンスです。これは、教育、福祉、環境、国際関係、スポーツ身体表現という星槎大学共生科学部の５大分野をはじめ、政治、行政、経済、メディア、科学技術、医療などのさまざまな分野にわたる公共的問題を現実に即して解決していくために必須のスタンスといえましょう。

　そしてこのスタンスを学問的に遂行するためは、以下の３つのアプローチとそれらの統合が必要になってきます。

活私開公、グローカル、WA ── 共生社会実現のための公共哲学　261

(1) 現状分析と歴史理解

　これは、公共的問題が現れるさまざまな現場の分析やその歴史的背景の理解を意味し、「私たちは何を知らなければならないか」という問いによって導かれるアプローチです。例えば、教育の現場でどのような問題が起こっているのか、福祉や医療の現場でどのようなことが起こっているのか、現に起こっている環境問題にはどのような歴史的背景があるのか、共生に反する国際問題（紛争）の歴史的背景は何か、などの冷徹な解明がこのアプローチの目的です。社会諸科学や歴史学がその任務を遂行しなければならないでしょう。

(2) ヴィジョンと規範論

　これは、より善き公正な社会がどのようなものかをめぐるヴィジョンと、そのための公共的規範（正義、平和、福祉、人権、民主主義など）の論考を意味し、「われわれはどのような社会を望むのか」や「われわれはどのように公共的価値を考えるか」という問いによって導かれるアプローチです。一口により善き公正な社会と言っても、人によってさまざまなヴィジョンが描かれるでしょうし、正義論をめぐる議論が示すように、正義の概念もさまざまで、国境を越える正義についての議論も重要です。平和にも消極的平和（戦争のない状態）と積極的平和（構造的暴力の排除）とがありますし、福祉にも消極的福祉（窮乏の除去）と積極的福祉（生きがいなどの創出）があります。さらに英語では human rights と複数形で呼ばれる人権も、自由権と社会権などに分かれます。民主主義も単なる多数決ではなく、プロセスを重視し、少数意見を尊重する熟議民主主義もあり、政治的正当性（political legitimacy）をどう考えるかも重要なテーマです。これらをどのように突き合わせたり、優先したりするのかを学問的に議論するのがこのアプローチで、主に、政

262　　第4章　共生と教育2

治哲学や社会哲学がこの任務を遂行しなければならないでしょう。

(3) 政策論

　これは、より善き公正な社会を実現するために、限られた条件の中でどのような政策や制度設計が可能なのかについての論考を意味し、「われわれは何ができるか」という問いによって導かれるアプローチです。現在は、教育政策、福祉政策、医療政策、環境政策、経済政策、外交政策、メディア政策、科学技術政策、スポーツ振興政策、そして目下、日本で最大の争点となっているエネルギー政策など、さまざまな分野で真剣に考えられなければならないテーマが目白押しです。これらは公共政策や社会政策が担う分野ですが、当事者となる専門家（教員、公務員、看護師、ジャーナリスト、技術者など）との協働作業という意味でのガバナンスが特に重要となるでしょう。

　これらのアプローチを統合することによって、多種多様な現場や地域において公共問題に取り組む人々（一般住民、学者・教員、公務員、ジャーナリスト、ＮＧＯ／ＮＰＯ関係者、経営者、会社従業員、科学技術者、医療関係者、宗教関係者など）が、（グローカルな）公共哲学のステークホルダー（担い手、利害関係者）となることができます。その際、一般住民やＮＧＯ／ＮＰＯのみならず、公務員が関わる公共問題、ジャーナリストが関わる公共問題、教員・学者が関わる公共問題、経営者が関わる公共問題、科学技術者が関わる公共問題、医療関係者が関わる公共問題、宗教関係者が関わる公共問題などを、当事者がそれぞれステークホルダーの意識を持って取り組むことが必要です。その際、「より善き公正な社会」のヴィジョンの追求が不可欠でしょう。

　数年前に内閣府が掲げ、その後の政権交代で立ち消えになった「新し

活私開公、グローカル、ＷＡ──共生社会実現のための公共哲学　263

い公共」では、人々の「居場所」と「出番」がうたわれていました。この「新しい公共」と公共哲学の間に直接の関係はありませんが、「居場所」と「出番」という発想は、上述した現場と地域を重んじるグローカル公共哲学とよくマッチしているように思います。各自がそれぞれの「居場所」と「出番」を自覚しつつ、グローカルなレベルで「活私開公」とＷＡ（和、輪）を実践し合うとき、公共哲学は交響哲学ともなり、共生科学の発展のために大きく貢献できるに違いありません。

【参考文献】

● 『公共哲学』マイケル・サンデル　鬼澤忍訳　筑摩書房（2011）

● 『公共哲学とは何か』山脇直司　筑摩書房（2004）

● 『社会とどうかかわるか―公共哲学からのヒント』山脇直司　岩波書店（2008）

● 『公共哲学からの応答：3.11の衝撃の後で』山脇直司　筑摩書房（2011）

● 『グローカル公共哲学―「活私開公」のヴィジョンのために』山脇直司　東京大学出版会（2008）

● 「平和な文明のための和の概念の更新」山脇直司『文化の多様性と通底の価値』服部英二編　麗澤大学出版会（2008）所収

あとがき

　事務的ケアレスミスがあり、受講生（現役教員）への対応に追われていたある日の夕方のこと。教員免許状更新制度に対する不満を言われることも多く、正直、落ち込んでいました。そんな時に一通の手紙が届いたのです。「また、お叱りの手紙だろう」と思いながら封を切りました。しかしそれは、「初めてのことですから失敗は誰にでもあるものです。めげずに頑張ってください。この制度をきっかけに私も何か新しいことに挑戦してみますね」という励ましの手紙でした。

　驚きました。涙が溢れてきました。「こんなにも素晴らしい先生がいるんだ。この先生の指導を受けている子どもたちはなんて幸せなんだろうか」。そう思いました。この経験が、考え方を大きく転換させるきっかけとなりました。教員免許状更新制度に対する皆さんの意見は、前向きなものばかりではないかもしれません。ですが、この制度をきっかけに、何かにトライするようになったとしたら、とても「いいこと」なのではないでしょうか。

　2009年に教員免許更新制が導入されて以来、本学の実践、教育活動を、より多くの教育関係者の方に知っていただく機会を得ました。いま、わたしたちは素直に「やりがい」と「責任」を感じています。教員の皆さんに講習を受けていただくことが、最終的には「子ども達のために」なると信じているからです。

　本学では、教員養成のみならず教員の生涯にわたる研修を支援するという責務から教員免許状更新講習に取り組んでいます。通信制大学の強みを生かし、北は北海道から南は沖縄まで全国各地の会場で、延べ約五万人の受講生の参加を得ました。本書は、この経験を活かして上梓しました。執筆にあたっては、最新の教育事情への配慮、法令上必要な事

あとがき　265

項の記載、キーワードや記述の分かりやすさなどに留意しました。「国の制度による免許更新」のためのテキストとしてだけでなく、学校教育の現場でもお役に立つことができれば幸いです。

さらに本学は、「誰でも、いつでも、どこでも学べる大学」をモットーに、1科目から履修できる環境を整えました。現役の教員をはじめとする多くの社会人も学んでいます。2013年に設置した大学院（教育学研究科）でも教員はもちろん、さまざまな教育関係者が研究に励んでいます。詳細は本学のホームページ（http://seisa.ac.jp/）をご覧下さい。本書を読み「共生」の理念に賛同していただけた方は是非、「共生社会」構築を目指し、大学、大学院で共に学びましょう。

「すべては子どもたちのために」。本学は、それを支える先生たちを応援しています。

2016年3月

星槎大学教員免許状更新講習センター事務局

これまでに開講した主な「選択」講習

■ **水俣の地から考える環境学習と持続可能な開発のための教育（ESD）**
地元の方をゲストに、水俣でのフィールドワーク、受講生によるワークショップを交え、「持続可能な社会づくりの担い手を育む」授業案を立案。

■ **学校現場で役立つ保健医療**
ゲストに子どもたちにかかわる医師や薬剤師など医療関係者を招き、必要な事例を挙げ、子どもの気持ちに寄り添い家庭への支援について講義。

■ **ビッグヒストリー**
「宇宙・地球・生命・人類の歴史と未来」を副題に、「地球的視野に立って行動する」教員の資質能力を高め、子どもたちの「生きる力」を育む「授業計画」を立案。

■ **世界の教育事情**
必修化に先駆け、海外経験のある講師が各国の教育事情を報告し、それを踏まえ、受講者自らが授業を構築、発表、討議する実践的な講習。

■ **博物館で自文化と異文化を理解する授業をデザインする**
「国立民族学博物館」でのフィールドワーク、各国の歴史・環境・食文化などの講義を受け、受講生が授業案を作成。

■国際理解・平和学習

沖縄をはじめとする各地域の平和問題や貧困・差別問題を取り上げ、アクティブラーニングの手法を用いて、受講生が授業案を作成。

■発達障害のある児童生徒の理解と指導

発達障害について詳しく解説するとともに、実例を挙げ、具体的な支援方法について講義をし、生涯にわたる支援について学ぶ。

■教育に芸術のチカラを

「音楽を様々な授業・指導に用いて意欲と表現力を高める」を副題に、講師に音楽家を招き、歌唱、演奏、ダンスを織り交ぜながら、音楽を用いた授業を立案する。

■体験型「いのち」の授業を設計・実行する

北海道の旭山動物園でのフィールドワーク、園長の講演をもとに、動物園と学校が連携した授業を構想。

■幼稚園における教育力の向上をはかる

バイオリニストからの音楽を使った授業の指導や演劇界より講師を招き、場面に応じたパフォーマンスを学ぶ。

■つなげよう、支えよう森里川海

「学校教育に活かす場所文化」を副題に、自然との共生・循環に関しての情報を受講者に提供、受講生自らの指導案を作成する。

著者紹介（掲載順）

川野辺 敏 （かわのべ さとし）

国立教育研究所初代生涯学習研究部長。日本比較教育学会会長、日本学習社会学会会長等を歴任し、現在国立教育政策研究所名誉所員・星槎大学特任教授。『中央アジアの教育とグローバリズム』（川野辺敏・嶺井明子、東信堂、2012）等著書多数。

鬼頭 秀一 （きとう しゅういち）

現場でのフィールドワーク（社会学的調査）を踏まえて生物多様性、自然再生、「農」に関わる理念に関する研究を行ってきたが、近年では、福島の内発的復興に取り組んでいる。『自然保護を問いなおす──環境倫理とネットワーク』（筑摩書房、1996年）、『環境倫理学』（鬼頭秀一・福永真弓共編著、東京大学出版会、2009）など。

細田 満和子 （ほそだ みわこ）

博士。（東京大学大学院）社会学をベースに、医療・福祉・教育の現場での問題を当事者と共に考えている。『パブリックヘルス市民が変える医療社会──アメリカ医療改革の現場から─』（明石書店、2012）『グローカル共生社会へのヒント』（星槎大学出版会、2015）等著書多数。

平出 彦仁 （ひらいで ひこひと）

専門は教育心理学、特に学習行動基礎論、動機づけ論。教育職員養成審議会委員、中央教育審議会初等中等教育分科会臨時委員、同分科会教員養成部会委員、神奈川県教育委員会委員長などを歴任。

森川 和子 （もりかわ かずこ）

理学博士。星槎大学特任教授。東京都立大学・大学院在学中、農工大学在職中を通じて微生物を対象に調査研究。自然界、特に河川における付着性微生物群衆の解析を行ってきた。星槎大学では共生科学概説（2）を中心に、地球生命の歴史・生物学へのいざない等を担当してきた。

天野 一哉 （あまの かずや）

ジャーナリスト。星槎大学大学院教授・法政大学兼任講師・京都大学高等教育研究開発推進センターMOSTフェロー。『中央公論』『世界』『ＡＥＲＡ』『週刊金曜日』等に教育問題・中国関連の記事を執筆。『民間校長・中学改革に挑む』（日本経済新聞社、2003）等、著書多数。

新井 郁男 （あらい いくお）

東京大学教育学部教育学科卒。国立教育研究所研究員等を経て、東京工業大学、上越教育大学、放送大学で教鞭をとる。日本教育社会学会会長等数々の要職を歴任し、現在、世界新教育学会会長。『学校社会学』（樹村房、2013）、『ゆとりの学び ゆとりの文化』（教育出版、2001）等、著書多数。

水内 宏 （みずうち　ひろし）

東京大学教育学部卒、同大学院修士及び博士課程を経て都留文科大学講師・助教授、千葉大学助教授・教授、聖母大学教授（看護学部にて養護教諭養成に従事）など。現千葉大学名誉教授、星槎大学教授。専門は、教育学、教育過程論、発達教育学など。

伊藤 一美 （いとう　かずみ）

日本ＬＤ学会研究奨励賞第1号、学会発表奨励賞第16号、第38号を受賞。特別支援教育士スーパーバイザー（日本ＬＤ学会認定）。地域の教育委員会特別支援教育専門委員を歴任。発達障害の子ども達の支援について研究している。

西永 堅 （にしなが　けん）

東京学芸大学教育学部心理臨床専攻卒業。東京学芸大学大学院教育学研究科障害児教育専攻修了。東北大学大学院教育学研究科総合教育科学専攻中途退学。星槎大学共生科学部助手、専任講師を経て、現在准教授。

白鳥 絢也 （しらとり　じゅんや）

常葉大学教育学部初等教育課程准教授。専門は教育学、多文化共生教育。共著書に『教師論—共生社会へ向けての教師像—』（福村出版、2013）がある。

三田地 真実 （みたち　まみ）

真の連携を実現するために、関係者間の丁寧なやり取りを活性化させる「ファシリテーション」の普及に努めている。また、キャリア教育を「人生全体に関わるもの」と捉えることで、その本質を見つめようと『ライフヒストリー曼荼羅ワークショップ』を展開中。

岩澤 一美 （いわさわ　かずみ）

宮澤学園（現星槎学園）高等部教務部長、星槎国際高等学校神奈川学習センター長及び教務部長、星槎中学校教頭を歴任。現職教員および発達障害当事者保護者に対する講演・セミナーを講師として多数実施。中高教員として中等教育に必要な支援教育をカリキュラム化し、特別ではない特別支援教育を実践。

阿部 利彦 （あべ　としひこ）

発達障がいを持つ子どもたちのサポート方法や、子どもたちの魅力について、全国各地で講演会・研修講師を務めるとともに、テレビ出演、執筆活動も行なう。『発達障がいを持つ子の「いいところ」応援計画』（ぶどう社、2006）等著書多数。

伊東 健 （いとう たけし）

授業では神奈川県の中学・高校で生徒を教えていた体験を基に、教育の現場で役立つ実践的な話を心掛けている。また、現役の教員として高校生の指導や現場の教員の指導も行っている。

福島 紘 （ふくしま ひろし）

小学校に30年あまり勤務。初任の頃は朝迎え入れた学級の子どもたちを、朝にも増して心身共に元気な姿で帰宅させることを一番に心掛けた。経験を積むうち、「子どもの安全」を学校組織という視点から考えるようになる。

渋谷 節子 （しぶや せつこ）

東南アジアの農村研究から出発し、現在は異文化理解における教育の役割に関心を持つ文化人類学者。ハーバード大学大学院にて博士号を取得。

加藤 登紀子 （かとう ときこ）

東京大学在学中に歌手デビュー。多くのヒット曲を世に送り出してきた。また、地球環境問題にも積極的に取り組み、WWF ジャパン（世界自然保護基金日本委員会）評議員も務める。『君が生まれたあの日　未来への手紙』（廣済堂出版、2013）等著書多数。

小中 陽太郎 （こなか ようたろう）

大学卒業後、ＮＨＫのテレビディレクター、フリーライターを経て作家となる。テレビのコメンテーターとして論陣を張り、市民の立場にたつ歯に衣着せぬ政治批判で注目される。著書『翔べよ源内』（平原社、2012）で第一回野村胡堂文学賞受賞。

坪内 俊憲 （つぼうち としのり）

アフリカに行きたい一心で獣医になり、ザンビアに赴任。フィリピン、モンゴルなどで野生生物保全に関わり、2003年ボルネオへ。そこで生物多様性保全のモデルが作れなければ人類は終わると、背水の陣を敷いて活動中。

山脇 直司 （やまわき なおし）

一橋大学経済学部卒、上智大学大学院哲学研究科修士課程修了、ミュンヘン大学哲学博士。東海大学専任講師、上智大学文学部助教授、東京大学大学院総合文化研究科（教養学部）教授などを経て、現在星槎大学学部長。『社会とどうかかわるか』（岩波書店、2008）等、著書多数。

共生への学び　改訂版
——先生を応援する教育の最新事情

2016年 5 月12日　第 1 刷発行
2017年 7 月21日　第 2 刷発行

編著者─────星槎大学教員免許状更新講習センター
発行所─────ダイヤモンド社
　　　　　　　〒150-8409　東京都渋谷区神宮前 6-12-17
　　　　　　　http://www.diamond.co.jp/
　　　　　　　電話／03・5778・7235（編集）　03・5778・7240（販売）
デザイン────タイプフェイス
本文DTP────タイプフェイス
製作進行────ダイヤモンド・グラフィック社
印刷─────慶昌堂印刷
製本─────宮本製本所
編集協力────片山幸子（エディ・ワン）
校閲─────鈴木健一郎
編集担当────前田早章

©2016 SEISA University
ISBN 978-4-478-06914-1
落丁・乱丁本はお手数ですが小社営業局宛にお送りください。送料小社負担にてお取替え
いたします。但し、古書店で購入されたものについてはお取替えできません。
無断転載・複製を禁ず
Printed in Japan